Налоговые вызовы, возникающие в связи с цифровизацией экономики – модельные правила по борьбе с глобальным размыванием налоговой базы (Второй компонент)

ИНКЛЮЗИВНАЯ СТРУКТУРА ОЭСР/G20 ПО ПРОТИВОДЕЙСТВИЮ BEPS

OECD
ЛУЧШАЯ ПОЛИТИКА ДЛЯ ЛУЧШЕЙ ЖИЗНИ

Оригинал был одобрен Инклюзивной структурой ОЭСР/G20 по противодействию BEPS 14 декабря 2021 года и подготовлен к публикации Секретариатом ОЭСР. Настоящий перевод был совместно подготовлен к публикации АБР и Секретариатом ОЭСР.

При цитировании просьба ссылаться на настоящую публикацию:
OECD (2025), *Налоговые вызовы, возникающие в связи с цифровизацией экономики – модельные правила по борьбе с глобальным размыванием налоговой базы (Второй компонент): Инклюзивная структура ОЭСР/G20 по противодействию BEPS*, OECD Publishing, Paris, https://doi.org/10.1787/3a02b21c-ru.

ISBN 978-92-64-80045-8 (Печатное издание)
ISBN 978-92-64-50457-8 (PDF)

Первоначально был опубликован ОЭСР под названием: OECD (2022), *Tax Challenges Arising from Digitalisation of the Economy – Global Anti-Base Erosion Model Rules (Pillar Two)*, OECD/G20 Base Erosion and Profit Shifting Project, OECD Publishing, Paris, https://doi.org/10.1787/782bac33-en.
В случае любых расхождений между оригиналом и переводом действительным считается только текст оригинала.

Сведения об авторах фотографий: Обложка © ninog-Fotolia.com.

Исправления в публикациях ОЭСР можно найти по адресу: https://www.oecd.org/en/publications/support/corrigenda.html.

Предисловие

Цифровизация и глобализация оказали глубокое влияние на экономику и жизнь людей во всем мире, и это влияние только усилилось в 21 веке. Эти изменения принесли с собой вызовы для правил налогообложения доходов международного бизнеса, которые преобладали более ста лет и создали возможности для размывания налоговой базы и перемещения прибыли (BEPS), требуя смелых шагов со стороны политиков для восстановления доверия к системе и обеспечения налогообложения прибыли там, где осуществляется экономическая деятельность и создается стоимость .

В 2013 году ОЭСР активизировала усилия по решению этих проблем в ответ на растущую общественную и политическую обеспокоенность по поводу избежания уплаты налогов со стороны крупных транснациональных корпораций. Страны ОЭСР и G20 (*«Большая двадцатка» – группа наиболее развитых индустриальных стран*) объединили усилия и разработали План BEPS в сентябре 2013 года. В Плане было определено 15 шагов, направленных на внедрение согласованности во внутренние правила, которые влияют на трансграничную деятельность, усиление требований к присутствию в существующих международных стандартах и повышение прозрачности, а также определенности.

После двух лет работы были объединены в комплексный пакет и представлены лидерам G20 в ноябре 2015 года меры в ответ на указанные 15 шагов, включая те, которые были опубликованы в промежуточной форме в 2014 году. Пакет BEPS представляет собой первое существенное обновление международных налоговых правил почти за столетие. По мере внедрения мер BEPS ожидается, что прибыль будет включаться в отчетность там, где осуществляется экономическая деятельность, которая ее генерирует, и где создается стоимость. Стратегии планирования BEPS, которые опираются на устаревшие правила или на плохо скоординированные внутренние меры, станут неэффективными.

Страны ОЭСР и G20 также договорились продолжить совместную работу по обеспечению последовательной и скоординированной реализации рекомендаций BEPS и сделать проект более инклюзивным. В результате они создали Инклюзивную структуру ОЭСР/G20 по противодействию BEPS (Инклюзивная структура), объединяющую все заинтересованные и приверженные страны и юрисдикции на равных условиях в Комитете по фискальным вопросам и его вспомогательных органах. Инклюзивная структура, насчитывающая более 140 членов, мониторит и проводит экспертные обзоры внедрения минимальных стандартов, а также завершает работу по установлению стандартов касательно вопросов противодействия BEPS. Помимо ее членов, в работе Инклюзивной структуры участвуют другие международные организации и региональные налоговые органы, что также включает консультирование коммерческих организаций и представителей гражданского общества по различным направлениям своей работы.

Хотя реализация пакета BEPS кардинально меняет международный налоговый ландшафт и повышает справедливость налоговых систем, один из ключевых назревших вопросов BEPS —

противодействие налоговым вызовам, возникающим в результате цифровизации экономики — остался нерешенным. В качестве важного шага вперед 8 октября 2021 года более 135 членов Инклюзивной структуры, представляющих более 95% мирового ВВП, присоединились к двухкомпонентному решению по реформированию международных правил налогообложения и обеспечению того, чтобы многонациональные предприятия платили справедливую долю налога везде, где они присутствуют и получают прибыль в сегодняшней цифровизированной и глобализированной мировой экономике. Реализация этих новых правил предусмотрена к 2023 году.

Настоящий отчет был одобрен Инклюзивной структурой 14 декабря 2021 года и подготовлен к публикации Секретариатом ОЭСР.

Оглавление

Сокращения и аббревиатуры

CE	Constituent Entity	УК	Участвующая компания
ETR	Effective Tax Rate	ЭНС	Эффективная налоговая ставка
GloBE	Global Anti-Base Erosion	GloBE	Правила по борьбе с глобальным размыванием налоговой базы
IFRS	International Financial Reporting Standards	МСФО	Международные стандарты финансовой отчетности
IIR	Income Inclusion Rule	ПВД	Правило включения доходов в налогооблагаемую базу
JV	Joint Venture	СП	Совместное предприятие
MNE	Multinational enterprise	МНК	Многонациональная корпорация
OECD	Organisation for Economic Co-operation and Development	ОЭСР	Организация экономического сотрудничества и развития
UPE	Ultimate Parent Entity	КМК	Конечная материнская компания
UTPR	Undertaxed Payments Rule	ПННП	Правило недообложенных налогом платежей

Краткий обзор

Правила по борьбе с глобальным размыванием налоговой базы (GloBE) предусматривают скоординированную систему налогообложения, призванную обеспечить, чтобы группы крупных многонациональных корпораций (МНК) уплачивали минимальный уровень налога на доход, возникающий в каждой из юрисдикций, где они присутствуют. Это достигается путем введения дополнительного налога на прибыль, возникающего в юрисдикции, всякий раз, когда эффективная налоговая ставка (ЭНС), определяемая на юрисдикционной основе, ниже минимальной ставки.

- Глава 1определяет сферу действия Правил GloBE.
- Глава **Error! Reference source not found.**определяет участвующие компании в группе, в отношении которых начисляется соответствующий Дополнительный налог, а также долю соответствующего Дополнительного налога, взымаемую с любой такой компании.
- В Главах 3 и **Error! Reference source not found.** излагаются компоненты расчета ЭНС в рамках Правил GloBE. В Главе 3 определяется доход (или убыток) за период для каждой участвующей компании в группе МНК, а в Главе 4 затем определяются налоги, относимые к такому доходу.
- Глава **Error! Reference source not found.**представляет сводную картину доходов и налогов всех участвующих компаний, расположенных в одной юрисдикции, для определения ЭНС для этой юрисдикции. Если ЭНС ниже минимальной ставки, разница приводит к проценту Дополнительного налога, который применяется к доходу по юрисдикции для определения общего размера Дополнительного налога. Дополнительный налог пропорционально распределяется между участвующими компаниями, расположенными в этой юрисдикции, а затем взимается с участвующих компаний, в отношении которых применяется соответствующий Дополнительный налог в соответствии с Главой 2. Глава 5 также включает избирательное исключение дохода на основе существенного присутствия, что может уменьшить сумму прибыли, подлежащей обложению соответствующим Дополнительным налогом.
- Глава 6содержит правила, касающиеся приобретений, отчуждений и совместных предприятий.
- Глава **Error! Reference source not found.**посвящена применению Правил GloBE к определенным режимам налоговой нейтральности и другим режимам распределения.
- Глава **Error! Reference source not found.**охватывает административные аспекты Правил GloBE, включая требования к подаче информации, а также применение соответствующих положений о «безопасной гавани».
- В Главе 9излагаются некоторые переходные правила.

- В Главе **Error! Reference source not found.**изложены определенные термины, используемые в Правилах GloBE.

Правила GloBE применяют минимальную ставку на юрисдикционной основе. В этом контексте Инклюзивная структура ОЭСР/G20 по противодействию BEPS согласилась в своем заявлении от 8 октября 2021 года, что будут рассмотрены условия, при которых режим глобального дохода от нематериальных активов с низким уровнем налогообложения (GILTI) , применяемый в США, будет сосуществовать с Правилами GloBE, чтобы обеспечивать равные условия.

1 Сфера действия

Действие правил в настоящей главе

Глава 1 определяет сферу действия правил.

- В Article 1.1 определяется какие Группы МНК и Компании Группы подпадают под действие Правил GloBE.
- Article 1.2 определен ряд ключевых терминов, которые используются для установления того, когда Компания или совокупность Компаний образуют Группу и когда такая Группа соответствует критериям Группы МНК.
- В Article 1.5 указаны те Компании, которые являются Исключенными компаниями и, следовательно, не подпадают под действующие положения Правил GloBE.

Article 1.1. Сфера действия Правил GloBE

1.1.1. Правила GloBE применяются к Участвующим компаниям, являющимся членами Группы МНК, годовой оборот которой составляет 750 миллионов евро или более согласно Консолидированной финансовой отчетности Конечной материнской компании (КМК) по крайней мере за два из четырех Финансовых лет, непосредственно предшествующих тестируемому Финансовому году. Дополнительные правила изложены в Article 6.1, которая изменяет применение консолидированного порогового значения оборота в определенных случаях.

1.1.2. Если один или несколько Финансовых лет Группы МНК, учитываемых для целей статьи 1.1.1, составляют период, который не равен 12 месяцам, то для каждого из таких Финансовых лет пороговое значение в размере 750 миллионов евро корректируется пропорционально для соответствия продолжительности соответствующего Финансового года.

1.1.3. Компании, являющиеся Исключенными компаниями, не подпадают под действие Правил GloBE.

Article 1.2. Группа МНК и Группа

1.2.1. Группа МНК – любая Группа, которая включает в себя как минимум одну Компанию или Постоянное представительство, которое не находится в юрисдикции Конечной материнской компании.

1.2.2. Группа – совокупность Компаний, связанных посредством права собственности или контроля таким образом, что активы, обязательства, доходы, расходы и денежные потоки таких Компаний:

(а) включены в Консолидированную финансовую отчетность Конечной материнской компании; или

(б) исключены из Консолидированной финансовой отчетности Конечной материнской компании исключительно на основании размера или существенности или на основании того, что Компания предназначена для продажи.

1.2.3. Группа также – организация, которая расположена в одной юрисдикции и имеет одно или несколько Постоянных представительств, расположенных в других юрисдикциях, при условии, что Компания не является частью другой Группы, указанной в статье 1.2.2.

Article 1.3. Участвующая компания

1.3.1. Участвующей компанией является:

(а) любая Компания, входящая в Группу ; и

(б) любое Постоянное представительство Головной компании, которая подпадает под действие пункта (а).

1.3.2. Постоянное представительство, являющееся Участвующей компанией в соответствии с пунктом (б) выше, рассматривается как отдельное от Головной компании и любого другого Постоянного представительства такой Головной компании.

1.3.3. Термин «Участвующая компания» не включает Компанию, которая является Исключенной компанией.

Article 1.4. Конечная материнская компания

1.4.1. Конечная материнская компания – либо:

(а) Компания, которая:

i. владеет прямо или косвенно Контрольной долей в любой другой Компании; и

ii. не принадлежит, вместе с Контрольной долей, прямо или косвенно другой Компании; либо

(б) Головная компания Группы, подпадающей под действие статьи 1.2.3.

Article 1.5. Исключенная компания

1.5.1. Исключенная компания – это Компания, которая является:

(а) Государственным учреждением;

(б) Международной организацией;

(в) Некоммерческой организацией;

(г) Пенсионным фондом;

(д) Инвестиционным фондом, который является Конечной материнской компанией; или

(е) Компанией, специализирующейся на инвестициях в недвижимость, которая является Конечной материнской компанией.

1.5.2. Исключенной компанией также является Компания:

(а) если не менее 95% стоимости Компании принадлежит (прямо или через цепочку Исключенных компаний) одним или нескольким Исключенным компаниям, указанным в статье 1.5.1 (кроме Пенсионной компании), и если такая Компания:

i. действует исключительно или почти исключительно для хранения активов или инвестирования средств в интересах Исключенной компании или Компаний; или

ii. осуществляет только те виды деятельности, которые являются вспомогательными по отношению к тем, которые осуществляет Исключенная компания или Компании; или

(б) если не менее 85% стоимости Компании принадлежит (прямо или через цепочку Исключенных компаний) одной или нескольким Исключенным компаниям, указанным в статье 1.5.1 (кроме Пенсионной компании), при условии, что практически весь доход Компании представляет собой Исключенные дивиденды или Исключенные прирост или убыток от капитала, которые исключаются из расчета Дохода или убытка в рамках GloBE в соответствии с подпунктом (б) или (в) статьи 3.2.1.

1.5.3. Подающая отчетность Участвующая компания может сделать выбор не рассматривать Компанию как Исключенную компанию в соответствии со статьей 1.5.2. Выбор, сделанный в соответствии с настоящей статьей, является Пятилетним выбором.

2 Положения о взимании налогов

Действие правил, изложенных в настоящей главе

В соответствии с настоящей главой определяется сумма Дополнительного налога, взимаемого с Материнской компании или Участвующих компаний, находящихся в Юрисдикции, подпадающей под действие ПННП:

путем отнесения Дополнительного налога каждой Участвующей компании с низким уровнем налогообложения, определенной в соответствии с правилами главы **Error! Reference source not found.**, на Материнскую компанию в рамках ПВД в соответствии со статьями Article 2.1–Article 2.3; и затем

путем отнесения распределения остаточной суммы Дополнительного налога (если применимо) на Юрисдикции, подпадающие под действие ПННП в соответствии со статьями Article 2.4–Article 2.6

Article 2.1. Применение ПВД

2.1.1. Участвующая компания, являющаяся Конечной материнской компанией Группы МНК, находящаяся в [указать название имплементирующей юрисдикции], владеющая (прямо или косвенно) Долей участия в Участвующей компании с низким уровнем налогообложения в любое время в течение Финансового года, оплачивает налог в сумме, равной ее Распределяемой доле Дополнительного налога этой Участвующей компании с низким уровнем налогообложения за Финансовый год.

2.1.2. Промежуточная материнская компания Группы МНК, находящаяся в [указать название имплементирующей юрисдикции], владеющая (прямо или косвенно) Долей участия в Участвующей компании с низким уровнем налогообложения в любое время в течение Финансового года, обязана уплатить налог в сумме, равной ее Распределяемой доле Дополнительного налога этой Участвующей компании с низким уровнем налогообложения за Финансовый год.

2.1.3. Статья 2.1.2 не применяется, если:

(а) Конечная материнская компания Группы МНК обязана применять Квалифицированное ПВД, за такой Финансовый год; или

(б) другая Промежуточная материнская компания, владеющая (прямо или косвенно) Контрольной долей в Промежуточной материнской компании, обязана применить Квалифицированное ПВД за этот Финансовый год.

2.1.4. Несмотря на статьи 2.1.1 – 2.1.3, Материнская компания в частичном владении, находящаяся в [указать название имплементирующей юрисдикции], которая владеет (прямо или косвенно) Долей участия в Участвующей компании с низким уровнем налогообложения в какое-либо время в течение Финансового года, оплачивает налог в размере, равном ее Распределяемой доле Дополнительного налога этой Участвующей компании с низким уровнем налогообложения за Финансовый год.

2.1.5. Статья 2.1.4 не применяется, если Материнская компания в частичном владении полностью принадлежит (прямо или косвенно) другой Материнской компании в частичном владении, которая обязана применять Квалифицированное ПВД за такой Финансовый год.

2.1.6. Материнская компания, находящаяся в [указать название имплементирующей юрисдикции], применяет положения статей 2.1.1–2.1.5 в отношении Участвующей компании с низким уровнем налогообложения, которая не находится в [указать название имплементирующей юрисдикции].

Article 2.2. Распределение Дополнительного налога в рамках ПВД

2.2.1. Относящаяся к Материнской компании Распределяемая доля Дополнительного налога Участвующей компании с низким уровнем налогообложения составляет сумму, равную Дополнительному налогу Участвующей компании с низким уровнем налогообложения, рассчитанную в соответствии с главой **Error! Reference source not found.**, умноженную на Коэффициент включения Материнской компании для Участвующей компании с низким уровнем налогообложения за соответствующий Финансовый год.

2.2.2. Коэффициент включения Материнской компании для Участвующей компании с низким уровнем налогообложения за Финансовый год представляет собой отношение (а) Дохода в рамках GloBE Участвующей компании с низким уровнем налогообложения за Финансовый год, уменьшенного на сумму такого дохода, приходящегося на Доли участия, принадлежащие другим владельцам, к (б) Доходу в рамках GloBE Участвующей компании с низким уровнем налогообложения за Финансовый год.

2.2.3. Сумма Дохода в рамках GloBE, относящаяся к Долям участия в Участвующей компании с низким уровнем налогообложения, принадлежащим другим владельцам, – это сумма, которая считалась бы относящейся к таким владельцам в соответствии с принципами Приемлемого стандарта финансовой отчетности, используемого в Консолидированной финансовой отчетности Конечной материнской компании, если бы чистый доход Участвующей компании с низким уровнем налогообложения был равен ее Доходу GloBE и при этом:

(а) Материнская компания подготовила Консолидированную финансовую отчетность в соответствии с таким стандартом учета (гипотетическая Консолидированная финансовая отчетность);

(б) Материнская компания владела Контрольной долей в Участвующей компании с низким уровнем налогообложения таким образом, что все доходы и расходы Участвующей компании с низким уровнем налогообложения были консолидированы построчно с доходами и расходами Материнской компании в гипотетической Консолидированной финансовой отчетности;

(в) весь Доход в рамках GloBE, получаемый Участвующей компанией с низким уровнем налогообложения, был отнесен к операциям с лицами, которые не являются

Компаниями Группы; и

(г) все Доли участия, не принадлежащие прямо или косвенно Материнской компании, принадлежали лицам, которые не являются Компаниями Группы.

2.2.4. В случае Компании сквозного налогообложения, Доход в рамках GloBE в соответствии с настоящей статьей не включает какой-либо доход, распределенный в соответствии со статьей 3.5.3 в пользу собственника, который не является Компанией Группы.

Article 2.3. Механизм зачета ПВД

2.3.1. Материнская компания, владеющая Долей участия в Участвующей компании с низким уровнем налогообложения косвенно через Промежуточную материнскую компанию или Материнскую компанию в частичном владении, которая не имеет права на освобождение от требований ПВД в соответствии со статьей 2.1.3 или 2.1.5, должна уменьшить свою распределяемую долю Дополнительного налога Участвующей компании с низким уровнем налогообложения в соответствии со статьей 2.3.2.

2.3.2. Уменьшение, предусмотренное в статье 2.3.1, будет представлять собой сумму, равную части Распределяемой доли Дополнительного налога Материнской компании, которая взимается с Промежуточной материнской компании или Материнской компании в частичном владении в рамках Квалифицированного ПВД.

Article 2.4. Применение ПННП

2.4.1. Участвующим компаниям Группы МНК, находящимся в [указать название имплементирующей юрисдикции], будет отказано в праве на вычет (или от них потребуется произвести эквивалентную корректировку в соответствии с внутренним законодательством) в размере, приводящем к тому, что у этих Участвующих компаний возникнут дополнительные налоговые расходы, равные Сумме Дополнительного налога в рамках ПННП за Финансовый год, отнесенный к данной юрисдикции.

2.4.2. Корректировка, упомянутая в статье 2.4.1, применяется, насколько это возможно, в отношении налогового года, в котором заканчивается Финансовый год. Если этой корректировки недостаточно для получения дополнительных налоговых расходов за этот налоговый год, равных Сумме Дополнительного налога в рамках ПННП, распределенной на [указать название имплементирующей юрисдикции] в Финансовом году, то разница переносится по мере необходимости на последующие Финансовые годы и подлежит корректировке, упомянутой в статье 2.4.1, в объеме, возможном для каждого налогового года.

2.4.3. Статья 2.4.1 не применяется к Участвующей компании, которая является Инвестиционной компанией.

Article 2.5. Сумма Дополнительного налога в рамках ПННП

2.5.1. Общая сумма Дополнительного налога в рамках ПННП за Финансовый год равна сумме Дополнительного налога, рассчитанного для каждой Участвующей компании с низким уровнем налогообложения в Группе МНК за такой Финансовый год (определяется в соответствии со **Error! Reference source not found.**), с учетом корректировок, предусмотренных в настоящей Article 2.5 иArticle 9.3

2.5.2. Дополнительный налог, рассчитанный для Участвующей компании с низким уровнем налогообложения, который в ином случае учитывается в соответствии со статьей 2.5.1, уменьшается до нуля, если владение всеми Долями участия Конечной материнской компании в такой Участвующей компании с низким уровнем налогообложения осуществляется прямо или косвенно через одну или несколько Материнских компаний, которые обязаны применять Квалифицированное ПВД в юрисдикции, где они находятся, в отношении этой Участвующей компании с низким уровнем налогообложения в течение Финансового года.

2.5.3. Если статья 2.5.2 не применяется, то Дополнительный налог, рассчитанный для Участвующей компании с низким уровнем налогообложения, который в ином случае учитывается в соответствии со статьей 2.5.1, уменьшается на Распределяемую долю Дополнительного налога Материнской компании для такой Участвующей компании с низким уровнем налогообложения, который взимается в соответствии с Квалифицированным ПВД.

Article 2.6. Распределение Дополнительного налога для ПННП

2.6.1. С учетом статей 2.6.2 и 2.6.3, Сумма Дополнительного налога в рамках ПННП, выделяемая для [указать название имплементирующей юрисдикции], определяется путем умножения Общей суммы Дополнительного налога в рамках ПННП, определенной в статье 2.5.1, на Процент в рамках ПННП для этой юрисдикции. Процент в рамках ПННП для [указать название имплементирующей юрисдикции] определяется на каждый Финансовый год для каждой Группы МНК в следующем порядке:

$$50\% \times \frac{\textit{Кол-во работников в юрисдикции}}{\textit{Кол-во работников во всех Юрисдикциях ПННП}} + 50\% \times \frac{\textit{Общая стоимость Мат. активов в юрисдикции}}{\textit{Общая ст-ть Мат. активов во всех Юрисдикциях ПННП}}$$

Где для каждого Финансового года:

(а) Численность работников в юрисдикции – это общая Численность работников всех Участвующих компаний Группы МНК, находящихся в [указать название имплементирующей юрисдикции]

(б) Количество работников во всех Юрисдикциях ПННП – это общее Количество работников всех Участвующих компаний Группы МНК, находящихся в юрисдикции, в которой действует Квалифицированное ПННП в Финансовом году;

(в) общая стоимость Материальных активов в юрисдикции - это сумма Чистой балансовой стоимости Материальных активов всех Участвующих компаний Группы МНК, находящихся в [указать название имплементирующей юрисдикции]

(г) общая стоимость Материальных активов во всех Юрисдикциях ПННП – это сумма Чистой балансовой стоимости Материальных активов всех Участвующих компаний Группы МНК, находящихся в юрисдикции, в которой действует Квалифицированное ПННП в Финансовом году.

2.6.2. Для целей статьи 2.6.1

(а) Количество работников, нанятых Инвестиционной компанией, и Чистая балансовая стоимость Материальных активов, принадлежащих такой компании, исключаются из элементов формулы для распределения Общей суммы Дополнительного налога в рамках ПННП;

(б) Количество работников, нанятых Компанией сквозного налогообложения, и Чистая балансовая стоимость Материальных активов, принадлежащих такой Компании, которые не относятся к Постоянным представительствам, распределяются между Участвующими компаниями (если применимо), находящимися в юрисдикции, в которой была создана такая Компания сквозного налогообложения. Количество работников, нанятых Компанией сквозного налогообложения, и Чистая балансовая стоимость материальных активов, принадлежащих такой Компании, которые не относятся ни к Постоянным представительствам, ни в соответствии с настоящим положением, исключаются из формулы распределения Общей суммы Дополнительного налога в рамках ПННП.

2.6.3. Несмотря на статью 2.6.1, Процент в рамках ПННП [указать название имплементирующей юрисдикции] для Группы МНК считается равным нулю в Финансовом году, если Сумма Дополнительного налога, распределенная на [указать название имплементирующей юрисдикции] в предыдущем Финансовом году, не привела к тому, что Участвующие компании данной Группы МНК, находящиеся в [указать название имплементирующей юрисдикции], понесли дополнительные налоговые расходы, равные, в общей сложности, Сумме Дополнительного налога в рамках ПННП за этот предыдущий Финансовый год, распределенной на [указать наименование имплементирующей Юрисдикции]. Количество работников и Материальные активы Участвующих компаний данной Группы МНК, находящихся в юрисдикции с Процентом в рамках ПННП, равным нулю, за Финансовый год исключаются из формулы, предусмотренной статьей 2.6.1 для распределения Общей суммы Дополнительного налога в рамках ПННП за этот Финансовый год.

2.6.4. Статья 2.6.3 не применяется в отношении Финансового года, если во всех юрисдикциях с Квалифицированным ПННП, действующим в течение Финансового года, Процент в рамках ПННП для Группы МНК в этом Финансовом году равен нулю.

3 Расчет Дохода или убытка в рамках GloBE

Действие правил, изложенных в настоящей главе

Согласно настоящей главе сумма Дохода или убытка в рамках GloBE Участвующей компании определяется:

- на основе Чистого дохода или убытка по финансовому учету, определенного для Участвующей компании за Финансовый год в соответствии со Article 3.1; и далее
- скорректированного в соответствии со статьями Article 3.2–Article 3.5 для получения Дохода или убытка в рамках GloBE данной Компании.

Article 3.1. Финансовые отчеты

3.1.1. Доход или убыток в рамках GloBE для каждой Участвующей компании представляет собой Чистый доход или убыток по финансовому учету, определенный для такой Участвующей компании за Финансовый год, скорректированный на элементы, указанные в статьях Article 3.2–Article 3.5.

3.1.2. Чистый доход или убыток по финансовому учету – это чистая прибыль или убыток, определяемый для Участвующей компании (до консолидационных корректировок, исключающих внутригрупповые операции) при подготовке Консолидированной финансовой отчетности Конечной материнской компании.

3.1.3. Если определение Чистого дохода или убытка по финансовому учету для Участвующей компании на основе стандарта бухгалтерского учета, использованного при подготовке Консолидированной финансовой отчетности Конечной материнской компании, не является практически осуществимым, то Чистый доход или убыток по финансовому учету для Участвующей компании за Финансовый год может быть определен с использованием другого Приемлемого стандарта финансовой отчетности или Разрешенного стандарта финансовой отчетности, если:

(а) финансовая отчетность Участвующей компании составляется на основе этого стандарта бухгалтерского учета;

(б) информация, содержащаяся в финансовой отчетности, является достоверной; и

(в) постоянные разницы в размере более 1 млн. евро, возникающие в результате применения определенного принципа или стандарта к статьям доходов, расходов или операций, который отличается от финансового стандарта, используемого при подготовке Консолидированной финансовой отчетности Конечной материнской компании, приведены в соответствие с требованиями стандарта бухгалтерского учета, используемого в Консолидированной финансовой отчетности Конечной материнской компании.

Article 3.2. Корректировки для определения Дохода или убытка в рамках GloBE

3.2.1. Чистый доход или убыток по финансовому учету для Участвующей компании корректируется на следующие статьи с целью определения Дохода или убытка в рамках GloBE такой Компании:

(а) Чистые налоговые расходы;

(б) Исключенные дивиденды;

(в) Исключенные прирост или убыток от капитала;

(г) Включенные прирост или убыток по методу переоценки;

(д) Прирост или убыток от выбытия активов и обязательств, исключенных в соответствии Article 6.3;

(е) Асимметричные прибыли или убытки от курсовых разниц;

(ж) Политически запрещенные расходы;

(з) Ошибки и изменения предыдущих периодов в принципах бухгалтерского учета; и

(и) Начисленные пенсионные расходы.

3.2.2. По выбору Подающей отчетность Участвующей компании, Участвующая компания может заменить сумму, разрешенную к вычету при расчете своего налогооблагаемого дохода по месту ее нахождения, на сумму, отнесенную на расходы в ее финансовых счетах в отношении затрат или расходов такой Участвующей компании, которые были оплачены с помощью компенсации на основе акций. Если расходы на компенсацию на основе акций возникают в связи с опционом, который истекает без исполнения, Участвующая компания должна включить общую сумму, ранее вычтенную, в расчет своего Дохода или убытка в рамках GloBE за Финансовый год, в котором истекает срок действия опциона. Указанный выбор представляет собой Пятилетний выбор и должен применяться последовательно к компенсации на основе акций всеми Участвующими компаниями, находящимися в той же юрисдикции, в течение года, в котором осуществлен соответствующий выбор и всех последующих Финансовых лет. Если выбор сделан в Финансовом году после того, как часть вознаграждения на основе акций по сделке была отражена на финансовых счетах, Участвующая компания должна включить в расчет своего Дохода или убытка в рамках GloBE за этот Финансовый год сумму, равную превышению совокупной суммы, разрешенной в качестве затрат при расчете Дохода или убытка в рамках GloBE за предыдущие Финансовые годы, над совокупной суммой, которая была бы разрешена в качестве затрат, если бы такой выбор распространялся на эти Финансовые годы. Если выбор отменен, Участвующая компания должна включить в расчет своего Дохода или убытка в рамках GloBE в году такой отмены сумму, вычтенную в соответствии с осуществленным выбором, которая превышает расходы по финансовому учету, начисленные в отношении компенсации на основе акций, которая не была выплачена.

3.2.3. Любая сделка между Участвующими компаниями, находящимися в разных юрисдикциях, которая не была отражена в одинаковой сумме на финансовых счетах обеих Участвующих компаний или не соответствует Принципу «вытянутой руки», должна быть скорректирована таким образом, чтобы быть в одинаковой сумме и соответствовать Принципу «вытянутой руки». Убыток от продажи или иной передачи актива между двумя Участвующими компаниями, находящимися в одной юрисдикции, который не был отражен в соответствии с Принципом «вытянутой руки», должен быть пересчитан исходя из Принципа «вытянутой руки», если этот убыток включен в расчет Дохода или убытка в рамках GloBE. Правила распределения доходов или убытков между Головной компанией и ее Постоянными представительствами приведены в Article 3.4.

3.2.4. Квалифицированные возвратные налоговые кредиты рассматриваются как доход при расчете Дохода или убытка в рамках GloBE для Участвующей компании. Неквалифицированные возвратные налоговые кредиты не рассматриваются как доход при расчете Дохода или убытка в рамках GloBE Участвующей компании.

3.2.5. В отношении активов и обязательств, которые подлежат учету по справедливой стоимости или обесценению в Консолидированной финансовой отчетности, Подающая отчетность Участвующая компания вправе выбрать определение прибылей и убытков с использованием принципа реализации для целей расчета Дохода в рамках GloBE. Такой выбор представляет собой Пятилетний выбор и применяется ко всем Участвующим компаниям, находящимся в юрисдикции, к которой применяется данный выбор. Выбор распространяется на все активы и обязательства таких Участвующих компаний, кроме случаев, когда Подающая отчетность Участвующая компания решит ограничить выбор материальными активами таких Участвующих компаний или Участвующими компаниями, которые являются Инвестиционными компаниями. В рамках такого выбора:

(а) все прибыли или убытки, связанные с учетом по справедливой стоимости или обесценением актива или обязательства, должны быть исключены из расчета Дохода или убытка в рамках GloBE;

(б) балансовая стоимость актива или обязательства для целей определения прибыли или убытка представляет собой его балансовую стоимость на более позднюю из следующих дат:

(i) первый день года осуществления такого выбора, или

(ii) дату приобретения актива или возникновения обязательства; и

(в) если выбор отменен, то Доход или убыток в рамках GloBE Участвующих компаний корректируется на разницу на начало года отмены между справедливой стоимостью актива или обязательства и балансовой стоимостью актива или обязательства, определенной в соответствии с выбором.

3.2.6. При наличии Совокупного прироста от активов в юрисдикции в Финансовом году, Подающая отчетность Участвующая компания вправе, в соответствии с настоящей статьей 3.2.6, сделать Ежегодный выбор налогового режима для этой юрисдикции с целью корректировки Дохода или убытка в рамках GloBE в отношении каждого предыдущего Финансового года в Период пересмотра в порядке, описанном в пунктах (б) и (в), а также распределения любого оставшегося Скорректированного прироста от активов на Период пересмотра в порядке, описанном в пункте (г). Эффективная налоговая ставка и

Дополнительный налог (если применимо) за любой предыдущий Финансовый год должны быть пересчитаны в соответствии со статьей 5.4.1. Если выбор сделан в соответствии с настоящей статьей:

(а) Охватываемые налоги, в отношении любого Чистого прироста от активов или Чистого убытка от активов в Году выбора налогового периода исключаются из расчета Скорректированных Охватываемых налогов;

(б) Совокупный прирост от активов в Году выбора налогового периода переносится на самый ранний Год убытка и соразмерно проводится зачет против любого Чистого убытка от активов любой Участвующей компании, находящейся в этой юрисдикции;

(в) Если за любой Год убытка Скорректированный прирост от активов превышает общую сумму Чистого убытка от активов всех Участвующих компаний, находящихся в данной юрисдикции, то Скорректированный прирост от активов переносится на следующий Год убытка (если таковой имеется) и применяется соразмерно против любого Чистого убытка от активов любой Участвующей компании, находящейся в данной юрисдикции;

(г) Любой Скорректированный прирост от активов, который остается после применения пунктов (б) и (в), равномерно распределяется на каждый Финансовый год в Период пересмотра. Распределенный прирост от активов за соответствующий год включается в расчет Дохода или убытка в рамках GloBE для Участвующей компании, находящейся в данной юрисдикции в этом году, в соответствии со приведенной ниже формулой:

$$\textit{Распределенный прирост от активов за соответствующий год} \times \frac{\textit{Чистый прирост от активов указанной Участвующей компании в Году выбора налогового периода}}{\textit{Чистый прирост от активов всех указанных Участвующих компаний в Году выбора налогового периода}}$$

Для целей приведенной выше формулы указанная Участвующая компания – это Участвующая компания, имеющая Чистый прирост от активов в соответствующем Году выбора налогового периода и находившаяся в юрисдикции в том же году. В случае отсутствия указанной Участвующей компании в соответствующем году Скорректированный прирост от активов, приходящаяся на этот год, будет распределена поровну между всеми Участвующими компаниями, находящимися в юрисдикции в этом году.

3.2.7. При расчете Дохода или убытка Компании с низким уровнем налогообложения в рамках GloBE не учитываются любые расходы, относимые на Внутригрупповое соглашение о финансировании, которые, как можно обоснованно ожидать в течение ожидаемого срока действия соглашения:

(а) увеличат сумму расходов, учитываемых при расчете Дохода или убытка в рамках GloBE Компании с низким уровнем налогообложения;

(б) не приводя к соразмерному увеличению налогооблагаемого дохода Контрагента с высоким уровнем налогообложения.

3.2.8. Конечная материнская компания может сделать выбор, предусматривающий применение консолидированного режима учета для исключения доходов, расходов, прибылей и убытков от сделок между Участвующими компаниями, которые находятся в одной и той же юрисдикции и включены в группу налоговой консолидации, для целей расчета Чистого дохода или убытка в рамках GloBE каждой такой Участвующей компании. Выбор на основании настоящей статьи является Пятилетним выбором. После принятия или отмены такого выбора, для целей GloBE должны быть сделаны соответствующие корректировки, чтобы не было дублирования или отсутствия статей Дохода или убытка в рамках GloBE в результате совершения или отмены упомянутого выбора.

3.2.9. Страховая компания исключает из расчета Дохода или убытка в рамках GloBE суммы, начисленные страхователям, за Налоги, уплаченные страховой компанией в отношении доходов страхователей. Страховая компания включает в расчет Дохода или убытка в рамках GloBE любые доходы страхователей, которые не отражены в Чистом доходе или убытке по финансовому учету, в той степени, в которой соответствующее увеличение или уменьшение обязательств перед страхователями отражено в ее Чистом доходе или убытке по финансовому учету.

3.2.10. Суммы, признанные в качестве уменьшения капитала Участвующей компании, относящиеся к выплаченным или подлежащим выплате распределениям в отношении Дополнительного капитала первого уровня, выпущенного Участвующей компанией, учитываются как затраты при расчете ее Дохода или убытка в рамках GloBE. Суммы, признанные в качестве увеличения капитала Участвующей компании, относящиеся к полученным или подлежащим получению распределениям в отношении Дополнительного капитала первого уровня, которым владеет Участвующая компания, включаются в расчет ее Дохода или убытка в рамках GloBE.

3.2.11. Чистый доход или убыток по финансовому учету Участвующей компании должен быть скорректирован для отражения требований соответствующих положений глав 6 и **Error! Reference source not found.**.

Article 3.3. Исключение Дохода от международных перевозок

3.3.1. Для Группы МНК, имеющей Доход от международных перевозок, Доход от международных перевозок и Квалифицированный дополнительный доход от международных перевозок каждой Участвующей компании исключается из расчета Дохода или убытка в рамках GloBE в соответствии со Article 3.2для юрисдикции, в которой она находится. Если расчет Дохода от международных перевозок и Квалифицированного дополнительного дохода от международных перевозок Участвующей компании приводит к убытку, то такой убыток исключается из расчета ее Дохода или убытка в рамках GloBE.

3.3.2. Доход от международных перевозок – чистый доход, полученный Участвующей компанией от

(а) перевозки пассажиров или грузов на судах, которые она эксплуатирует в международном сообщении, независимо от того, находится ли судно в собственности, аренде или иным образом в распоряжении Участвующей компании;

(б) перевозки пассажиров или грузов судами, эксплуатируемыми в международном сообщении на условиях слот-чартера;

(в) лизинга судна, подлежащего использованию для перевозки пассажиров или грузов в международном сообщении, на условиях чартера, полностью оборудованного, укомплектованного экипажем и со снабжением;

(г) лизинга судна на условиях бербоут-чартера для перевозки пассажиров или грузов в международном сообщении в пользу другой Участвующей компании;

(д) участия в пуле, совместной деятельности или международном эксплуатационном агентстве для перевозки пассажиров или грузов судами в международном сообщении; и

(е) продажи судна, используемого для перевозки пассажиров или грузов в международном сообщении, при условии, что судно находилось в пользовании Участвующей компании не менее одного года.

Доход от международных перевозок не включает чистый доход, полученный от перевозки пассажиров или грузов судами по внутренним водным путям в пределах одной юрисдикции.

3.3.3. Квалифицированный дополнительный доход от международных перевозок – чистый доход, полученный Участвующей компанией от следующих видов деятельности, осуществляемых главным образом в связи с перевозкой пассажиров или грузов судами в международном сообщении:

(а) лизинг судна на условиях бербоут-чартера другому судоходному предприятию, не являющемуся Участвующей компанией, при условии, что срок чартера не превышает трех лет;

(б) продажа билетов, выпущенных другими судоходными предприятиями, на внутренний этап международного рейса;

(в) лизинг и краткосрочное хранение контейнеров или плата за задержку при несвоевременном возврате контейнеров;

(г) оказание услуг другим судоходным предприятиям инженерами, техническим персоналом, грузчиками, работниками общественного питания и персоналом по обслуживанию клиентов; и

(д) инвестиционный доход, когда приносящие доход инвестиции осуществляются как неотъемлемая часть ведения бизнеса по эксплуатации судов в международном сообщении.

3.3.4. Совокупный Квалифицированный дополнительный доход от международных перевозок всех Участвующих компаний, находящихся в юрисдикции, не должен превышать 50% Дохода от международных перевозок этих Участвующих компаний.

3.3.5. Расходы, понесенные Участвующей компанией, которые непосредственно относятся к ее деятельности по международным перевозкам, перечисленной в статье 3.3.2, и расходы, непосредственно относящиеся к ее квалифицированной дополнительной деятельности, перечисленной в статье 3.3.3, вычитаются из оборота Участвующей компании от такой деятельности для расчета ее Дохода от международных перевозок и Квалифицированного дополнительного дохода от международных перевозок. Другие расходы, понесенные Участвующей компанией, которые косвенно относятся к международной судоходной деятельности и квалифицированной вспомогательной деятельности Участвующей компании, распределяются на основе оборота Участвующей компании от такой деятельности пропорционально ее общему обороту. Все прямые и косвенные расходы, относящиеся к Доходу от международных перевозок и Квалифицированному дополнительному доходу от международных перевозок Участвующей компании, исключаются из расчета ее Дохода или убытка в рамках GloBE.

3.3.6. Для того, чтобы Доход от международных перевозок и Квалифицированный дополнительный доход от международных перевозок Участвующей компании мог быть исключен из ее Дохода или убытка в рамках GloBE в соответствии с настоящей статьей, Участвующая компания должна продемонстрировать, что стратегическое или коммерческое управление всеми соответствующими судами эффективно осуществляется из юрисдикции, в которой находится Участвующая компания.

Article 3.4. Распределение доходов или убытков между Головной компанией и Постоянным представительством

3.4.1. Чистый доход или убыток по финансовому учету Участвующей компании, являющейся Постоянным представительством в соответствии с пунктами (а), (б) и (в) определения в Article 10.1 – это чистый доход или убыток, отраженный на отдельных финансовых счетах Постоянного представительства. Если Постоянное представительство не имеет отдельных финансовых счетов, то Чистый доход или убыток по финансовому учету – это сумма, которая была бы отражена в его отдельных финансовых счетах, если бы они были подготовлены на самостоятельной основе и в соответствии со стандартом бухгалтерского учета, используемым при подготовке Консолидированной финансовой отчетности Конечной материнской компании.

3.4.2. Чистый доход или убыток по финансовому учету для Постоянного представительства, указанного в статье 3.4.1, при необходимости корректируется:

(а) в случае Постоянного представительства, как описано в пунктах (а) и (б) определения вArticle 10.1, для отражения только тех сумм и статей доходов и расходов, которые относятся к Постоянному представительству в соответствии с применимым Международным налоговым соглашением или внутренним законодательством юрисдикции, в которой оно находится, независимо от суммы дохода, подлежащего налогообложению, и суммы вычитаемых расходов в этой юрисдикции;

(б) в случае Постоянного представительства, как оно описано в пункте (в) определения, приведенного вArticle 10.1, для отражения только тех сумм и статей доходов и расходов, которые были бы отнесены на него в соответствии со статьей 7 Модельной налоговой конвенции ОЭСР.

3.4.3. В случае, если Участвующая компания является Постоянным представительством в соответствии с пунктом (г) определения, приведенного вArticle 10.1, ее доход, используемый для расчета Чистого дохода или убытка по финансовому учету, представляет собой доход, освобождаемый от налогообложения в юрисдикции, где находится Головная компания, и относящийся к операциям, осуществляемым за пределами этой юрисдикции. Расходами, используемыми для расчета Чистого дохода или убытка по финансовому учету, являются расходы, которые не вычитаются для целей налогообложения в юрисдикции, где находится Головная компания, и которые относятся к таким операциям.

3.4.4. Чистый доход или убыток по финансовому учету Постоянного представительства не учитывается при определении Дохода или убытка в рамках GloBE Головной компании, за исключением случаев, предусмотренных статьей 3.4.5.

3.4.5. Убыток в рамках GloBE Постоянного представительства рассматривается как расход Головной компании (а не Постоянного представительства) для целей расчета ее Дохода или убытка в рамках GloBE в том объеме, в котором убыток Постоянного представительства рассматривается как расход при расчете внутреннего налогооблагаемого дохода такой Головной компании, и не подлежит зачету против статьи дохода, которая налогооблагается в соответствии с законодательством как юрисдикции Головной компании, так и юрисдикции Постоянного представительства. Доход в рамках GloBE, возникший впоследствии в Постоянном представительстве, рассматривается как Доход в рамках GloBE Головной компании (а не Постоянного представительства) в пределах до суммы Убытка в рамках GloBE, который ранее рассматривался как расход для целей расчета Дохода или убытка в рамках GloBE Головной компании.

Article 3.5. Распределение дохода или убытка от Компании сквозного налогообложения

3.5.1. Чистый доход или убыток по финансовому учету Участвующей компании, являющейся Компанией сквозного налогообложения, распределяется следующим образом:

(а) в случае Постоянного представительства, через которое полностью или частично осуществляется деятельность Компании, Чистый доход или убыток по финансовому учету Компании распределяется на это Постоянное представительство в соответствии со Article 3.4;

(б) в случае Налогово-прозрачной компании, которая не является Конечной материнской компанией, любой Чистый доход или убыток по финансовому учету, оставшийся после применения пункта (а), распределяется между ее Участвующими компаниями-собственниками в соответствии с их Долями участия; и

(в) в случае Налогово-прозрачной компании, которая является Конечной материнской компанией или Компанией с обратной гибридной схемой налогообложения, любой Чистый доход или убыток по финансовому учету, оставшийся после применения пункта (а), распределяется на нее.

3.5.2. Правила статьи 3.5.1 применяются отдельно в отношении каждой Доли участия в Компании сквозного налогообложения.

3.5.3. До применения статьи 3.5.1 Чистый доход или убыток по финансовому учету Компании сквозного налогообложения уменьшается на сумму, относимую на ее собственников, которые не являются Компаниями Группы и владеют своей Долей участия в Компании сквозного налогообложения прямо или через Налогово-прозрачную структуру.

3.5.4. Статья 3.5.3 не применяется к:

(а) Конечной материнской компании, которая является Компанией сквозного налогообложения; или

(б) любой Компании сквозного налогообложения, принадлежащей такой Конечной материнской компании (прямо или через Налогово-прозрачную структуру).

Режим, применяемый к таким Компаниями, рассматривается в Article 7.1.

3.5.5. Чистый доход или убыток по финансовому учету Компании сквозного налогообложения уменьшается на сумму, относимую на другую Участвующую компанию.

4 Расчет Скорректированных Охватываемых налогов

Применение правил, изложенных в настоящей главе

В соответствии с настоящей главой сумма Охватываемых налогов Участвующей компании, как указано в **Error! Reference source not found.**, определяется

- путем принятия текущих налогов, определенных для Участвующей компании за Финансовый год в соответствии со **Error! Reference source not found.**, скорректированных для отражения определенных временных разниц в соответствии со **Error! Reference source not found.** и Article 4.5; путем распределения Охватываемых налогов между Участвующими компаниями в установленных случаях в соответствии со статьей 4.3; и
- путем учета эффекта определенных налоговых корректировок после подачи отчетности в соответствии со **Error! Reference source not found.**.

Article 4.1. Скорректированные Охватываемые налоги

4.1.1. Скорректированные Охватываемые налоги Участвующей компании, за Финансовый год, равны текущим налоговым расходам, начисленным в ее Чистом доходе или убытке по финансовому учету в отношении Охватываемых налогов за Финансовый год, с учетом корректировок на:

(а) чистую сумму ее Дополнительных сумм к Охватываемым налогам за Финансовый год (как определено в статье 4.1.2) и Уменьшения Охватываемых налогов за Финансовый год (как определено в статье 4.1.3);

(б) Общую сумму корректировки отсроченного налога (как определено в **Error! Reference source not found.**); и

(в) любое увеличение или уменьшение суммы Охватываемых налогов отраженных в капитале или Прочем совокупном доходе, относящемся к суммам, включенным в расчет Дохода или убытка в рамках GloBE, которые подлежат налогообложению в соответствии с местным налоговым законодательством.

4.1.2. Дополнительные суммы к Охватываемым налогам Участвующей компании за Финансовый год представляют собой сумму:

(а) любой суммы Охватываемых налогов начисленных как расход в прибыли до налогообложения в финансовой отчетности;

(б) любой суммы Налогового актива с переносом убытков в рамках GloBE, использованной в соответствии со статьей 4.5.3;

(в) любой суммы Охватываемых налогов, уплаченной в Финансовом году и относящейся к неопределенной налоговой позиции, где эта сумма была учтена в предыдущем Финансовом году как Уменьшение Охватываемых налогов в соответствии со статьей 4.1.3(г); и

(г) любой суммы кредита или возврата по отношению к Квалифицированному возвратному налоговому кредиту, которая учитывается как снижение текущих налоговых расходов.

4.1.3. Уменьшения Охватываемых налогов Участвующей компании за Финансовый год представляют собой сумму:

(а) суммы текущих налоговых расходов в отношении дохода, исключенного из расчета Дохода или Убытка в рамках GloBE в соответствии с главой 3;

(б) любой суммы кредита или возврата по отношению к Квалифицированному возвратному налоговому кредиту, которая не учитывается как снижение текущих налоговых расходов;

(в) любой возвращенной или зачтенной суммы Охватываемых налогов, за исключением Квалифицированного возвратного налогового кредита, Участвующей компании, которая не была учтена как корректировка текущих налоговых расходов в финансовой отчетности;

(г) суммы текущих налоговых расходов, относящихся к неопределенной налоговой позиции; и

(д) любой суммы текущих налоговых расходов, которая не ожидается к уплате в течение трех лет после последнего дня Финансового года.

4.1.4. Сумма Охватываемых налогов может быть учтена только один раз.

4.1.5. В Финансовом году, в котором нет Чистого дохода в рамках GloBE для юрисдикции, если Скорректированные Охватываемые налоги для юрисдикции меньше нуля и меньше Ожидаемой суммы Скорректированных Охватываемых налогов, Участвующие компании в этой юрисдикции считаются имеющими Добавочный текущий Дополнительный налог для этой юрисдикции в соответствии со **Error! Reference source not found.**, возникающий в текущем Финансовом году, равный разнице между этими суммами. Ожидаемая сумма Скорректированных Охватываемых налогов, равна Доходу или убытку в рамках GloBE для юрисдикции, умноженной на Минимальную ставку.

Article 4.2. Определение Охватываемых налогов

4.2.1. Охватываемые налоги означают:

(а) Налоги, отраженные в финансовой отчетности Участвующей компании в отношении ее дохода или прибыли или ее доли в доходах или прибыли Участвующей компании, в которой она имеет Долю участия;

(б) Налоги на распределенные прибыли, презюмируемое распределение прибыли и некоммерческие расходы, налагаемые в рамках Приемлемого режима налогообложения распределений;

(в) Налоги, начисляемые вместо общеприменимого налога на корпоративные доходы; и

(г) Налоги, взимаемые в зависимости от нераспределенной прибыли и корпоративного капитала, включая Налог на отдельные составляющие, основанный на доходах и капитале.

4.2.2. В Охватываемые налоги не входят суммы:

(а) Дополнительного налога, начисленного Материнской компанией в рамках Квалифицированного ПВД;

(б) Дополнительного налога, начисленного Участвующей компанией в рамках Квалифицированного минимального внутреннего Дополнительного налога;

(в) Налогов, относящиеся к корректировке, сделанной Участвующей компанией в результате применения Квалифицированного ПННП;

(г) Неквалифицированного возвращаемого условного налога;

(д) Налогов, уплаченных страховой компанией в отношении выплат страхователям.

Article 4.3. Распределение Охватываемых налогов от одной Участвующей компании к другой Участвующей компании

4.3.1. Статья 4.3.2 применяется к распределению Охватываемых налогов, в отношении Постоянных представительств, Налогово-прозрачных компаний и Гибридных компаний, а также распределению налогов на контролируемые иностранные компании и налогов на распределение от одной Участвующей компании к другой.

4.3.2. Охватываемые налоги распределяются от одной Участвующей компании к другой Участвующей компании следующим образом:

(а) сумма любых Охватываемых налогов, учтенных в финансовых отчетах Участвующей компании в отношении Дохода или убытка в рамках GloBE Постоянного представительства, распределяется на Постоянное представительство;

(б) сумма любых Охватываемых налогов, учтенных в финансовых отчетах Налогово-прозрачной компании в отношении Дохода или убытка в рамках GloBE, распределенного на Участвующую компанию-собственника в соответствии со статьей 3.5.1(б), распределяется на эту Участвующую компанию-собственника;

(в) в случае Участвующей компании, относительно которой Участвующие компании-собственники подлежат Налоговому режиму контролируемых иностранных компаний, сумма любых Охватываемых налогов, учтенных в финансовых отчетах ее прямых или косвенных Участвующих компаний-собственников в рамках Налогового режима контролируемых иностранных компаний по их доле в доходах Контролируемой иностранной компании, распределяется на Участвующую компанию;

(г) в случае Участвующей компании, являющейся Гибридной компанией, сумма любых

Охватываемых налогов, учтенных в финансовой отчетности Участвующей компании-собственника по доходам гибридной компании, распределяется на Гибридную компанию; и

(д) сумма любых Охватываемых налогов, начисленных в финансовой отчетности прямых Участвующих компаний-собственников Участвующей компании по распределениям из этой Участвующей компании в течение Финансового года, относятся на распределяющую Участвующую компанию.

4.3.3. Охватываемые налоги, отнесенные на Участвующую компанию в соответствии с пунктами (в) и (г) статьи 4.3.2 в отношении Пассивного дохода, включаются в Скорректированные Охватываемые налоги этой Участвующей компании в сумме, равной наименьшему из следующих значений:

(а) Охватываемые налоги распределенные в отношении такого Пассивного дохода; или

(б) Процент Дополнительного налога для юрисдикции Участвующей компании, определенный без учета Охватываемых налогов, понесенных в отношении такого Пассивного дохода Участвующей компанией-собственником, умноженный на сумму Пассивного дохода Участвующей компании, включаемую в рамках любого Налогового режима контролируемых иностранных компаний или правила фискальной прозрачности.

Любые Охватываемые налоги, Участвующей компании-собственника, понесенные в отношении такого Пассивного дохода, которые остаются после применения настоящей статьи, не подлежат распределению в соответствии со статьей 4.3.2(в) или (г).

4.3.4. Когда Доход в рамках GloBE Постоянного представительства рассматривается как Доход в рамках GloBE Головной компании в соответствии со статьей 3.4.5, любые Охватываемые налоги возникающие по местонахождению Постоянного представительства и связанные с таким доходом, рассматриваются как Охватываемые налоги Головной компании в пределах суммы, не превышающей такой доход, умноженный на самую высокую ставку корпоративного налога на обычный доход в юрисдикции, в которой расположена Головная компания.

Article 4.4. Механизмы учета временных разниц

4.4.1. Общая сумма корректировки отложенного налога для Участвующей компании за Финансовый год равна начисленным отложенным налоговым расходам в ее финансовой отчетности, если применимая налоговая ставка ниже Минимальной ставки, или в любом другом случае такие отложенные налоговые расходы пересчитываются по Минимальной ставке, в отношении Охватываемых налогов, за Финансовый год с учетом корректировок, установленных статьями 4.4.2 и 4.4.3, а также следующих исключений:

(а) Сумма отложенных налоговых расходов в отношении позиций, исключенных из расчета Дохода или убытка в рамках GloBE в соответствии с главой 3;

(б) Сумма отложенных налоговых расходов в отношении Недопустимых начислений и Непредъявленных начислений;

(в) Влияние корректировки оценки или корректировки бухгалтерского признания в отношении отложенного налогового актива;

(г) Сумма отложенных налоговых расходов, возникающих в результате перерасчета в связи с изменением применимой внутренней налоговой ставки; и

(д) Сумма отложенных налоговых расходов в отношении создания и использования налоговых кредитов.

4.4.2. Общая сумма корректировки отложенного налога корректируется следующим образом:

(а) Увеличивается на сумму любых Недопустимых начислений или Непредъявленных начислений, уплаченных в течение Финансового года;

(б) Увеличивается на сумму любых Восстановленных отложенных налоговых обязательств, определенных в предыдущем Финансовом году, которые были уплачены в течение Финансового года; и

(в) Уменьшается на сумму, которая является уменьшением Общей суммы корректировки отложенного налога из-за признания убыточного отложенного налогового актива по налоговому убытку текущего года, если убыточный отложенный налоговый актив не был признан, поскольку не выполнены критерии признания.

4.4.3. Отложенный налоговый актив, который был учтен по ставке ниже Минимальной ставки, может быть пересчитан по Минимальной ставке в тот Финансовый год, в который он был учтен, если налогоплательщик может продемонстрировать, что отложенный налоговый актив относится к Убытку в рамках GloBE. Общая сумма корректировки отложенного налога уменьшается на сумму, на которую отложенный налоговый актив увеличился в результате пересчета согласно настоящей статье.

4.4.4. В случае, если отложенное налоговое обязательство, не являющееся Начислением исключений по восстановлению, учитывается в соответствии с настоящей статьей, и такая сумма не уплачена в течение пяти последующих Финансовых годов, эта сумма должна быть восстановлена в соответствии с настоящей статьей. Сумма Восстановленных отложенных налоговых обязательств, определенная для текущего Финансового года, должна рассматриваться как уменьшение Охватываемых налогов за пятый предшествующий Финансовый год, а ЭНС и Дополнительный налог за такой Финансовый год должны быть пересчитаны в соответствии с нормами статьи 5.4.1. Восстановленные отложенные налоговые обязательства за текущий Финансовый год представляет собой сумму увеличения в категории отложенных налоговых обязательств, которая была включена в Общую сумму корректировки отложенного налога в пятом предшествующем Финансовом году и не была сторнирована до конца последнего дня текущего Финансового года, за исключением случаев, когда такая сумма не относится к Начислению исключения по восстановлению, как установлено в статье 4.4.5.

4.4.5. Начисление исключения по восстановлению – начисленные налоговые расходы, относящиеся к изменениям в связанных отложенных налоговых обязательствах, в отношении:

(а) расходов на восстановление стоимости материальных активов;

(б) стоимости лицензии или аналогичного соглашения с правительством на использование недвижимого имущества или эксплуатацию природных ресурсов, требующих значительных инвестиций в материальные активы;

(в) расходов на научные исследования и разработки;

(г) расходов на демонтаж и восстановление;

(д) учета справедливой стоимости по нереализованным чистым прибылям;

(е) чистых прибылей от валютных курсовых разниц;

(ж) страховых резервов и отложенных затрат на приобретение страховых полисов;

(з) Прирост от продажи материальных активов, расположенных в той же юрисдикции, что и Участвующая компания, которые реинвестированы в материальные активы в той же юрисдикции; и

(и) дополнительных сумм, начисленных в результате изменений принципов бухгалтерского учета в отношении категорий с (а) по (з).

4.4.6. Недопустимое начисление –:

(а) любое изменение в отложенных налоговых расходах, начисленных в финансовой отчетности Участвующей компании, которое связано с неопределенной налоговой позицией; и

(б) любое изменение в отложенных налоговых расходах, начисленных в финансовой отчетности Участвующей компании, которое связано с распределениями от Участвующей компании.

4.4.7. Непредъявленное начисление – любое увеличение отложенного налогового обязательства, отраженное в финансовой отчетности Участвующей компании за Финансовый год, которое не предполагается к уплате в течение периода, установленного в статье 4.4.4, и в отношении которого Подающая отчетность Участвующая компания делает Ежегодный выбор налогового режима не включенного в Общую сумму корректировки отложенного налога за такой Финансовый год.

Article 4.5. Выбор налогового периода в отношении убытка в рамках GloBE

4.5.1. Вместо применения правил, установленных в статье **Error! Reference source not found.**, Подающая отчетность Участвующая компания вправе сделать Выбор налогового периода в отношении убытка в рамках GloBE для юрисдикции. Если сделан Выбор налогового периода в отношении убытков в рамках GloBE для юрисдикции, то создается Налоговый актив с переносом убытков в рамках GloBE за каждый Финансовый год, в котором наблюдается Чистый убыток в рамках GloBE для этой юрисдикции. Налоговый актив с переносом убытков в рамках GloBE равен Чистому убытку в рамках GloBE за Финансовый год для юрисдикции, умноженному на Минимальную ставку.

4.5.2. Остаток Налогового актива с переносом убытков в рамках GloBE переносится на последующие Финансовые годы с уменьшением на сумму использованного Налогового актива с переносом убытков в рамках GloBE за Финансовый год.

4.5.3. Налоговый актив с переносом убытков в рамках GloBE должен быть использован в любом последующем Финансовом году, в котором имеется Чистый доход в рамках GloBE для юрисдикции, в сумме, равной наименьшему из следующих значений: Чистый доход в рамках GloBE, умноженный на Минимальную ставку, или сумма доступного Налогового актива с переносом убытков в рамках GloBE.

4.5.4. Если Выбор налогового периода в отношении убытка в рамках GloBE впоследствии отменяется, любой оставшийся Налоговый актив с переносом убытков в рамках GloBE уменьшается до нуля, начиная с первого дня первого Финансового года, в котором Выбор налогового периода в отношении убытка в рамках GloBE больше не применяется.

4.5.5. Выбор налогового периода в отношении убытка в рамках GloBE должен быть заявлен с первой Информационной декларацией в рамках GloBE Группы МНК, которая включает юрисдикцию, для которой сделан такой выбор. Выбор налогового периода в отношении убытка в рамках GloBE не может быть сделан для юрисдикции с Приемлемым режимом налогообложения распределений, как определено в статье Article 7.3.

4.5.6. Компания сквозного налогообложения, являющаяся КМК в составе Группы МНК, вправе сделать Выбор налогового периода в отношении убытка в рамках GloBE в соответствии с настоящей статьей. Когда такой выбор сделан, Налоговый актив с переносом убытков в рамках GloBE рассчитывается в соответствии с положениями статей 4.5.1–4.5.5, однако Налоговый актив с переносом убытков в рамках GloBE рассчитывается с учетом Убытка в рамках GloBE Компании сквозного налогообложения, после уменьшения в соответствии с положениями статьи 7.1.2.

Article 4.6. Корректировки после подачи и изменения налоговых ставок

4.6.1. Корректировка обязательства Участвующей компании по Охватываемым налогам за предыдущий Финансовый год, признанная в финансовой отчетности, должна рассматриваться как корректировка Охватываемых налогов в Финансовом году, в котором такая корректировка была произведена, кроме случаев, когда корректировка касается Финансового года, в котором произошло снижение Охватываемых налогов, для юрисдикции. В случае снижения Охватываемых налогов, включенных в Скорректированные Охватываемые налоги Участвующей компании за предыдущий Финансовый год, ЭНС и Дополнительный налог для такого Финансового года должны быть пересчитаны в соответствии со статьей 5.4.1. В пересчетах по статье 5.4.1 Скорректированные Охватываемые налоги, определенные для Финансового года, уменьшаются на сумму снижения Охватываемых налогов и Дохода в рамках GloBE, определенных для такого Финансового года, а также для любого промежуточного Финансового года, корректируется при необходимости и в соответствующей степени. Подающая отчетность Участвующая компания вправе делать Ежегодный выбор налогового периода, для квалификации незначительного снижения Охватываемых налогов как корректировку Охватываемых налогов в Финансовом году, в котором была произведена корректировка. Незначительное снижение Охватываемых налогов, представляет собой совокупное снижение на сумму менее 1 миллиона евро в Скорректированных Охватываемых налогах, определенных для юрисдикции за Финансовый год.

4.6.2. Сумма отложенных налоговых расходов, возникшая в результате снижения применимой внутренней налоговой ставки, должна рассматриваться как корректировка обязательства Участвующей компании по Охватываемым налогам, заявленная в соответствии с статьей **Error! Reference source not found.** за предыдущий Финансовый год, когда такое снижение приводит к применению ставки, которая ниже Минимальной ставки.

4.6.3. Сумма отложенных налоговых расходов, которая выплачивается и возникла в результате повышения применимой внутренней налоговой ставки, должна рассматриваться как корректировка в соответствии со статьей 4.6.1 обязательства Участвующей компании по

Охватываемым налогам заявленная в соответствии со статьей **Error! Reference source not found.** за предыдущий Финансовый год, если эта сумма была первоначально учтена по ставке ниже Минимальной ставки. Эта корректировка ограничена суммой, равной увеличению отложенных налоговых расходов до тех пор, пока такие отложенные налоговые расходы не будут пересчитаны по Минимальной ставке.

4.6.4. Если более 1 миллиона евро из суммы текущих налоговых расходов, начисленных Участвующей компанией и включенных в Скорректированные Охватываемые налоги, за Финансовый год, не было уплачено в течение трех лет с последнего дня такого года, ЭНС и Дополнительный налог для Финансового года, в котором эта неуплаченная сумма была заявлена как Охватываемые налоги, должны быть пересчитаны в соответствии со статьей 5.4.1 путем исключения этой неуплаченной суммы из Скорректированных Охватываемых налогов.

5 Расчет Эффективной налоговой ставки и Дополнительного налога

Применение правил, изложенных в настоящей главе

В рамках настоящей главы Дополнительный налог для каждой Участвующей компании с низким уровнем налогообложения определяется:

- путем суммирования Дохода или Убытка в рамках GloBE каждой Участвующей компании, определенного в соответствии с главой 3, и Скорректированных Охватываемых налогов, определенных в соответствии с главой 4, с таковыми для других Участвующих компаний, расположенных в той же юрисдикции, для определения ЭНС для юрисдикции;
- путем определения, какая юрисдикция является Юрисдикцией с низким уровнем налогообложения (т.е. имеет ЭНС, которая ниже Минимальной ставки);
- путем расчета Процента Дополнительного налога для каждой Юрисдикции с низким уровнем налогообложения;
- путем применения Исключения дохода на основе существенного присутствия к Чистому доходу в рамках GloBE в Юрисдикции с низким уровнем налогообложения для определения Сверхприбыли в этой юрисдикции;
- путем умножения Процента Дополнительного налога на такую Сверхприбыль и уменьшения их произведения на сумму любого Квалифицированного минимального внутреннего Дополнительного налога для определения Дополнительного налога для каждой Юрисдикции с низким уровнем налогообложения; и
- путем распределения таких Дополнительных налогов между Участвующими компаниями в Юрисдикции с низким уровнем налогообложения пропорционально их Доходу в рамках GloBE.

Итоговый Дополнительный налог для каждой Участвующей компании с низким уровнем налогообложения затем взимается с Материнской компании или с Участвующих компаний, расположенных в Юрисдикции ПННП в соответствии с главой **Error! Reference source not found.**.

Настоящая глава также включает исключение *de minimis* для Участвующих компаний, расположенных в одной и той же юрисдикции, когда их совокупный оборот и доход не превышают определенные пороговые значения. В **Error! Reference source not found.** установлены специальные правила для расчета ЭНС в отношении Участвующих компаний, принадлежащих миноритариям.

Article 5.1. Определение Эффективной налоговой ставки

5.1.1. ЭНС Группы МНК для юрисдикции с Чистым доходом в рамках GloBE рассчитывается для каждого Финансового года. ЭНС Группы МНК для юрисдикции равна сумме Скорректированных Охватываемых налогов каждой Участвующей компании, расположенной в юрисдикции, разделенной на Чистый доход в рамках GloBE для этой юрисдикции за Финансовый год. Для целей главы **Error! Reference source not found.**, каждая Участвующая компания без юрисдикционной привязки рассматривается как единая Участвующая компания, расположенная в отдельной юрисдикции.

5.1.2. Чистый доход в рамках GloBE юрисдикции за Финансовый год — это положительная сумма (если применимо), вычисляемая по следующей формуле:

$$\textit{Чистый доход в рамках GloBE} = \textit{Доход в рамках GloBE всех Участвующих компаний} - \textit{Убытки в рамках GloBE всех Участвующих компаний},$$

где:

(а) Доход в рамках GloBE всех Участвующих компаний - это сумма Дохода в рамках GloBE всех Участвующих компаний, расположенных в юрисдикции, определенная в соответствии с главой 3 за Финансовый год; и

(б) Убытки в рамках GloBE всех Участвующих компаний - это сумма Убытков в рамках GloBE всех Участвующих компаний, расположенных в юрисдикции, определенная в соответствии с главой 3 за Финансовый год.

5.1.3. Скорректированные Охватываемые налоги а также Доход или убыток в рамках GloBE Участвующих компаний, являющихся Инвестиционными компаниями, исключаются из расчета ЭНС в статье 5.1.1 и из расчета Чистого дохода в рамках GloBE в статье 5.1.2.

Article 5.2. Дополнительный налог

5.2.1. Процент Дополнительного налога для юрисдикции за Финансовый год определяется как положительная разница в процентах, если таковая имеется, вычисляемая по следующей формуле:

$$\textit{Процент Дополнительного налога} = \textit{Минимальная налоговая ставка} - \textit{Эффективная налоговая ставка},$$

где:

Эффективная налоговая ставка – это Эффективная налоговая ставка, определенная в соответствии со статьей **Error! Reference source not found.** для юрисдикции за Финансовый год.

5.2.2. Сверхприбыль для юрисдикции за Финансовый год — это положительная сумма, при наличии, вычисляемая по следующей формуле:

$$\textit{Сверхприбыль} = \textit{Чистый доход в рамках GloBE} - \textit{Исключение дохода на основе существенного присутствия}$$

где:

(а) Чистый доход в рамках GloBE – это Чистый доход в рамках GloBE, определенный в соответствии со статьей 5.1.2 для юрисдикции за Финансовый год; и

(б) Исключение дохода на основе существенного присутствия – это Исключение дохода на основе существенного присутствия, определенное в соответствии со статьей **Error! Reference source not found.** для юрисдикции за Финансовый год (при наличии).

5.2.3. Дополнительный налог для юрисдикции за Финансовый год равен положительной сумме, при наличии, рассчитанной в соответствии со следующей формулой:

$$\textit{Дополнительный налог для юрисдикции}$$

$$= (\text{Процент Дополнительного налога x Сверхприбыль}) + \text{Добавочный текущий Дополнительный налог} - \text{Внутренний Дополнительный налог}$$

где:

(а) Процент Дополнительного налога – это разница в процентах, определенная в соответствии со статьей 5.2.1 для юрисдикции за Финансовый год;

(б) Сверхприбыль – это Сверхприбыль, определенная в соответствии со статьей 5.2.2 для юрисдикции за Финансовый год;

(в) Добавочный текущий Дополнительный налог – это сумма, определенная или рассматриваемая как Добавочный текущий Дополнительный налог, в соответствии со статьей 4.1.5 или статьей 5.4.1 для юрисдикции за Финансовый год; и

(г) Внутренний Дополнительный налог – это сумма, подлежащая уплате в рамках Квалифицированного минимального внутреннего Дополнительного налога для юрисдикции за Финансовый год.

5.2.4. За исключением случаев, предусмотренных в статье 5.4.3, Дополнительный налог Участвующей компании определяется для каждой Участвующей компании юрисдикции, имеющей Доход в рамках GloBE, определенный в соответствии с главой 3 за Финансовый год, включенный в расчет Чистого дохода в рамках GloBE этой юрисдикции по следующей формуле:

$$\text{Доп. налог УК} = \text{Доп. налог для юрисдикции} \times \frac{\text{Доход в рамках GloBE УК}}{\text{Совокупный доход в рамках GloBE всех УК}}$$

где:

(а) Дополнительный налог для юрисдикции – это Дополнительный налог, определенный в соответствии со статьей 5.2.3 для юрисдикции за Финансовый год;

(б) Доход в рамках GloBE УК – это Доход в рамках GloBE Участвующей компании, определенный в соответствии со статьей Article 3.2 для юрисдикции за Финансовый год;

(в) Совокупный доход в рамках GloBE всех УК – это совокупный Доход в рамках GloBE всех Участвующих компаний, имеющих Доход в рамках GloBE за Финансовый год, включенный в расчет Чистого дохода в рамках GloBE в соответствии со статьей 5.1.2 для юрисдикции за Финансовый год.

5.2.5. Если Дополнительный налог для юрисдикции относится к перерасчету в соответствии со статьей 5.4.1, а такая юрисдикция не имеет Чистого дохода в рамках GloBE за текущий Финансовый год, Дополнительный налог распределяется с использованием формулы, указанной в статье 5.2.4, на основе Дохода в рамках GloBE Участвующих компаний за Финансовые годы, для которых были выполнены перерасчеты в соответствии со статьей 5.4.1.

Article 5.3. Исключение дохода на основе существенного присутствия

5.3.1. Чистый доход в рамках GloBE для юрисдикции должен быть уменьшен путем применения Исключения дохода на основе существенного присутствия для юрисдикции в рамках определения Сверхприбыли с целью расчета Дополнительного налога в соответствии со статьей **Error! Reference source not found.**. Подающая отчетность Участвующая компания Группы МНК вправе сделать Ежегодный выбор налогового периода, чтобы не применять Исключение дохода на основе существенного присутствия для юрисдикции, не вычисляя такое исключение или не заявляя его при расчете Дополнительного налога для юрисдикции в Информационной декларации (декларациях) в рамках GloBE, поданной(-ых) за Финансовый год.

5.3.2. Сумма Исключения дохода на основе существенного присутствия для юрисдикции составляет сумму отчислений по заработной плате и отчислений в отношении материальных активов для каждой Участвующей компании, за исключением Участвующих компаний, являющихся Инвестиционными компаниями, в этой юрисдикции.

5.3.3. Отчисления по заработной плате для Участвующей компании, расположенной в юрисдикции, составляет 5% от Допустимых расходов на заработную плату Допустимых работников, выполняющих работы для Группы МНК в этой юрисдикции, за исключением Допустимых расходов на заработную плату, которые:

(а) капитализируются и включаются в балансовую стоимость Допустимых материальных активов;

(б) относятся к Доходу от международных перевозок Участвующей компании и Квалифицированному дополнительному доходу от международных перевозок в соответствии со статьей 3.3.5, который исключается из расчета Дохода или убытка в рамках GloBE за Финансовый год.

5.3.4. Отчисления в отношении материальных активов для Участвующей компании, расположенной в юрисдикции, составляет 5% от балансовой стоимости Допустимых материальных активов, расположенных в этой юрисдикции. Допустимые материальные активы означают:

(а) имущество, заводы и оборудование, расположенные в этой юрисдикции;

(б) природные ресурсы, расположенные в этой юрисдикции;

(в) право арендатора на использование материальных активов, расположенных в этой юрисдикции; и

(г) лицензия или аналогичное соглашение с правительством на использование недвижимого имущества или эксплуатацию природных ресурсов, требующих значительных инвестиций в материальные активы.

Для этих целей расчет отчисления в отношении материальных активов не должен включать балансовую стоимость имущества (включая земельные участки или здания), которое предназначено для продажи, аренды или инвестиций. В расчет отчислений в отношении материальных активов не следует включать балансовую стоимость материальных активов, используемых для получения Дохода от международных перевозок Участвующей компании и Квалифицированного дополнительного дохода от международных перевозок (т.е. судов и другого морского оборудования и инфраструктуры). Балансовая стоимость материальных активов, относящихся к сверхприбыли Участвующей компании, превышающей пороговое значение для Квалифицированного дополнительного дохода от международных перевозок в соответствии со статьей 3.3.4, должна быть включена в расчет отчислений в отношении материальных активов.

5.3.5. Расчет балансовой стоимости Допустимых материальных активов для целей статьи 5.3.4 должен основываться на среднем значении балансовой стоимости (за вычетом накопленной амортизации, амортизации или истощения и включая любую сумму, относящуюся к капитализации расходов на заработную плату) на начало и конец Отчетного финансового года, как это отражено в финансовых отчетах для подготовки Консолидированной финансовой отчетности Конечной материнской компании.

5.3.6. Для целей статей 5.3.3 и 5.3.4 Допустимые расходы на заработную плату и Допустимые материальные активы Участвующей компании, являющейся Постоянным представительством, включают те, которые отражены в ее отдельных финансовых отчетах, определенных в соответствии со статьей 3.4.1 и скорректированных в соответствии со статьей 3.4.2, при условии, что Допустимые работники и Допустимые материальные активы расположены в юрисдикции, где находится Постоянное представительство. Допустимые расходы на заработную плату и Допустимые материальные активы Постоянного представительства не учитываются для Допустимых расходов на заработную плату и Допустимых материальных активов Головной компании. Допустимые расходы на заработную плату и Допустимые материальные активы Постоянного представительства, чей доход был полностью или частично исключен в соответствии со статьями 3.5.3 и 7.1.4 исключаются из расчета Исключения дохода на основе существенного присутствия Группы МНК в той же пропорции.

5.3.7. Для целей статей 5.3.3 и 5.3.4 Допустимые расходы на заработную плату и Допустимые материальные активы Компании сквозного налогообложения, которые не были распределены в соответствии со статьей 5.3.6, распределяются следующим образом:

(а) если Чистый доход или убыток по финансовому учету Компании сквозного налогообложения был распределен на Участвующую компанию-собственника в соответствии со статьей 3.5.1(б), то Допустимые расходы на заработную плату и Допустимые материальные активы компании распределяются пропорционально на Участвующую компанию-собственника, если она расположена в юрисдикции, где находятся Допустимые работники и Допустимые материальные активы;

(б) если Компания сквозного налогообложения является Конечной материнской компанией, то Допустимые расходы на заработную плату и Допустимые материальные активы, расположенные в юрисдикции, где находится Конечная материнская компания, распределяются на нее и уменьшаются пропорционально доходу, который исключается в соответствии со статьей 7.1.1; и

(в) все остальные Допустимые расходы на заработную плату и Допустимые материальные активы Компании сквозного налогообложения исключаются из расчета Исключения дохода на основе существенного присутствия Группы МНК.

Article 5.4. Добавочный текущий Дополнительный налог

5.4.1. Если требуется или разрешается перерасчет Эффективной налоговой ставки и Дополнительного налога за предыдущий Финансовый год в соответствии со Статьей о корректировке ЭНС,

(а) Эффективная налоговая ставка и Дополнительный налог за предыдущий Финансовый год должны быть пересчитаны в соответствии с правилами статей **Error! Reference source not found.–Error! Reference source not found.** после учета корректировок Скорректированных Охватываемых налогов и Дохода или Убытка в рамках GloBE, требующихся соответствующей Статьей о корректировке ЭНС; и

(б) любая сумма приростного Дополнительного налога, возникшая в результате такого перерасчета, должна рассматриваться как Добавочный текущий Дополнительный налог в соответствии со статьей 5.2.3, возникающий в текущем Финансовом году.

5.4.2. Если существует Добавочный текущий Дополнительный налог, относящийся к перерасчету в соответствии со статьей 5.4.1, и в юрисдикции нет Чистого дохода в рамках GloBE за текущий Финансовый год, Доход в рамках GloBE каждой Участвующей компании, расположенной в такой юрисдикции для целей статьи 2.2.2, должен быть равен результату Дополнительного налога, распределенного на такую Компанию в соответствии со статьями 5.2.4 и 5.2.5, разделенному на Минимальную ставку.

5.4.3. Если существует Добавочный текущий Дополнительный налог, относящийся к применению статьи 4.1.5, то Доход в рамках GloBE каждой Участвующей компании, расположенной в соответствующей юрисдикции для целей статьи 2.2.2, должен быть равен результату Дополнительного налога, распределенного на такую Компанию в соответствии с настоящей статьей, разделенному на Минимальную ставку. Сумма Добавочного текущего Дополнительного налога, распределенного на каждую Участвующую компанию для целей настоящей статьи, должна быть распределена только на Участвующие компании, которые отражают сумму Скорректированных Охватываемых налогов, которая меньше нуля и меньше, чем Доход или убыток в рамках GloBE такой Участвующей компании, умноженный на Минимальную ставку. Распределение должно осуществляться пропорционально следующей сумме для каждой из этих Участвующих компаний:

(Доход или убыток в рамках GloBE x Минимальная налоговая ставка) – Скорректированные Охватываемые налоги

5.4.4. Если Участвующей компании распределяется Добавочный текущий Дополнительный налог в соответствии с настоящей статьей и статьей 5.2.4, такая Участвующая компания должна рассматриваться как Участвующая компания с низким уровнем налогообложения для целей главы **Error! Reference source not found.**.

Article 5.5. Исключение минимальной суммы (De minimis)

5.5.1. По выбору Подающей отчетность Участвующей компании и несмотря на требования, предусмотренные в другой части главы **Error! Reference source not found.**, Дополнительный налог для Участвующих компаний, расположенных в юрисдикции, должен считаться равным нулю за Финансовый год, если для такого Финансового года:

(a) Средний оборот в рамках GloBE для такой юрисдикции составляет менее 10 миллионов евро; и

(б) Средний доход или убыток в рамках GloBE для такой юрисдикции является убытком или составляет менее 1 миллиона евро.

Выбор по настоящей статье является Ежегодным выбором налогового периода.

5.5.2. Для целей статьи 5.5.1, Средний оборот в рамках GloBE (или доход или убыток в рамках GloBE) для юрисдикции – это среднее значение Оборота в рамках GloBE (или дохода или убытка в рамках GloBE) для такой юрисдикции за текущий и два предшествующих Финансовых года. Если в первый или второй предшествующий Финансовый год в юрисдикции не было Участвующих компаний с Оборотом в рамках GloBE или Убытками в рамках GloBE, такой год или годы исключаются из расчета Среднего оборота в рамках GloBE и Среднего дохода или убытка в рамках GloBE по соответствующей юрисдикции.

5.5.3. Для целей статьи 5.5.2:

(a) Оборот в рамках GloBE для юрисдикции за Финансовый год – это сумма оборота всех Участвующих компаний, расположенных в юрисдикции, за такой Финансовый год, с учетом корректировок, рассчитанных в соответствии с главой 3; и

(б) Доход или убыток в рамках GloBE для юрисдикции за Финансовый год – это Чистый доход в рамках GloBE этой юрисдикции, при наличии, или Чистый убыток в рамках GloBE такой юрисдикции.

5.5.4. Выбор по статье Article 5.5 не применяется к Участвующей компании, являющейся Участвующей компанией без юрисдикционной привязки или Инвестиционной компанией, и оборот, а также Доход или убыток в рамках GloBE Участвующей компании без юрисдикционной привязки и Инвестиционной компании, исключаются из расчетов по статье 5.5.3.

Article 5.6. Участвующие компании, принадлежащие миноритариям

5.6.1. Расчет Эффективной налоговой ставки и Дополнительного налога для юрисдикции в соответствии с главами 3–7, и Article 8.2 в отношении участников Подгруппы, принадлежащей миноритариям, должен осуществляться так, как если бы они были отдельной Группой МНК. Скорректированные Охватываемые налоги, а также доход или убыток в рамках GloBE участников Подгруппы, принадлежащей миноритариям, исключаются из расчета ЭНС Группы МНК в статье 5.1.1 и Чистого дохода в рамках GloBE в статье 5.1.2.

5.6.2. ЭНС и Дополнительный налог для Участвующей компании, принадлежащей миноритариям, которая не является участником Подгруппы, принадлежащей миноритариям, рассчитываются на уровне компании в соответствии с главами 3–7 и Article 8.2. Скорректированные Охватываемые налоги и доход или убыток в рамках GloBE Участвующей компании, принадлежащей миноритариям, исключаются из расчета ЭНС Группы МНК в статье 5.1.1 и Чистого дохода в рамках GloBE в статье 5.1.2. Это положение не применяется, если Участвующая компания, принадлежащая миноритариям, является Инвестиционной компанией.

6 Корпоративные реструктуризации и холдинговые структуры

Действие правил, изложенных в настоящей главе

Глава 6 содержит правила, касающиеся сделок по приобретению, отчуждению и Совместным предприятиям.

- Article 6.1 дополняетArticle 1.1, устанавливая дополнительные правила применения оборота консолидированного дохода в случае осуществления сделок слияния и разделения (выделения), которые имели место в предшествующий четырехлетний период.
- **Error! Reference source not found.** предусматривает специальные нормы применения Правил GloBE, которые применяются, когда Участвующая компания входит в состав или выходит из состава Группы МНК в течение Финансового года.
- Article 6.3 предусматривает особые правила в отношении передачи активов и обязательств, в том числе в рамках реорганизации.
- Article 6.4 включает некоторые Совместные предприятия в рамках действия Правил GloBE.
- Article 6.5 предусматривает специальные правила для Групп МНК с несколькими материнскими компаниями.

Article 6.1. Применение порога консолидированного дохода при слиянии и разделении групп

6.1.1. Для целейArticle 1.1

(а) Если две или более Группы образуют путем слияния одну Группу в любом из четырех Финансовых лет, предшествующих тестируемому Финансовому году, то порог консолидированного оборота Группы МНК за любой Финансовый год, предшествующий слиянию, считается достигнутым за этот год, если сумма оборота, включенного в каждую из их Консолидированных финансовых отчетностей за этот год, составляет 750 млн. евро или более;

(б) Если Компания, не входящая в состав какой-либо Группы (объекта), присоединяется к Компании или Группе (приобретателю) в тестируемом Финансовом году, при этом объект или приобретатель не имеет Консолидированной финансовой отчетности ни за один из четырех Финансовых лет, предшествующих тестируемому Финансовому году, поскольку в таком году он не входил в состав какой-либо Группы, то считается, что порог консолидированного оборота Группы МНК за такой год достигнут, если сумма оборота, включенного в каждую из их Финансовых отчетностей или Консолидированную финансовую отчетность за такой год, равна или превышает 750 млн. евро;

(в) Если одна Группа МНК, подпадающая под действие Правил GloBE, разделяется на две или более Группы (каждая из которых является разделенной Группой), считается, что порог консолидированного дохода достигнут разделенной Группой:

i. в отношении первого тестируемого Финансового года, заканчивающегося после разделения, если годовой оборот разделенной Группы в таком году составляет 750 млн. евро или более;

ii. в отношении второго–четвертого Финансовых годов, заканчивающихся после разделения, если годовой доход разделенной Группы составляет 750 млн. евро или более, по крайней мере, в двух Финансовых годах, следующих за годом разделения.

6.1.2. Для целей статьи 6.1.1 под слиянием понимается любая договоренность, при которой:

(а) все или практически все Компании Группы в двух или более отдельных Группах попадают под общий контроль, в результате чего они становятся Компаниями Группы в составе объединенной Группы; или

(б) Компания, не входящая в состав какой-либо Группы, попадает под общий контроль с другой Компанией или Группой, в результате чего они становятся Компаниями Группы в составе объединенной Группы.

6.1.3. Для целей статьи 6.1.1 под разделением понимается любая договоренность, при которой Компании Группы, входящие в единую Группу, разделяются на две или более Группы, которые больше не консолидируются одной и той же Конечной материнской компанией.

Article 6.2. Участвующие компании, входящие в состав и выходящие из состава Группы МНК

6.2.1. За исключением случаев, предусмотренных статьей 6.2.2, следующие положения применяются, когда Компания (объект) становится или перестает быть Участвующей компанией Группы МНК в результате передачи прямых или косвенных Долей участия в такой Компании в течение Финансового года (год приобретения):

(а) если объект присоединяется к Группе или выходит из нее, или объект становится Конечной материнской компанией новой Группы, такой объект будет рассматриваться как член Группы для целей Правил GloBE, если любая часть его активов, обязательств, доходов, расходов или денежных потоков включена построчно в Консолидированную финансовую отчетность Конечной материнской компании за год приобретения;

(б) в год приобретения Группа МНК должна учитывать только Чистый доход или убыток по финансовому учету и Скорректированные Охватываемые налоги, такого объекта, которые учитываются в Консолидированной финансовой отчетности Конечной материнской компании для целей применения Правил GloBE;

(в) в год приобретения и каждый последующий год соответствующий объект определяет свой Доход или убыток в рамках GloBE и Скорректированные Охватываемые налоги используя историческую балансовую стоимость активов и обязательств;

(г) при расчете Допустимых расходов на заработную плату объекта в соответствии со статьей 5.3.3 учитываются только те расходы, которые отражены в Консолидированной финансовой отчетности Конечной материнской компании;

(д) расчет балансовой стоимости Допустимых материальных активов объекта инвестиций для целей статьи 5.3.4 должен быть пропорционально скорректирован в соответствии с продолжительностью соответствующего Финансового года, в течение которого соответствующий объект входил в Группу МНК;

(е) за исключением Налогового актива с переносом убытков на будущие периоды в рамках GloBE, отложенные налоговые активы и отложенные налоговые обязательства Участвующей компании, передаваемые между Группами МНК, должны учитываться в соответствии с Правилами GloBE приобретающей Группой МНК в том же порядке и в той же степени, как если бы приобретающая Группа МНК контролировала Участвующую компанию в момент возникновения таких активов и обязательств;

(ж) отложенные налоговые обязательства объекта, которые ранее были включены в его Общую сумму корректировки отложенного налога, рассматриваются как восстановленные для целей применения статьи 4.4.4 отчуждающей Группой МНК и рассматриваются как возникшие в год приобретения для целей применения статьи 4.4.4 приобретающей Группой МНК, за тем исключением, что в таких случаях любое последующее снижение Охватываемых налогов в соответствии со статьей 4.4.4 должно действовать в том году, в котором эта сумма была возвращена; и

(з) если объект является Материнской компанией и является Компанией Группы в составе двух или более Групп МНК и в течение года приобретения, он должен отдельно применять положения ПВД к своим Распределяемым долям Дополнительного налога в отношении Участвующих компаний с низким уровнем налогообложения, определяемым для каждой Группы МНК.

6.2.2. Для целей Правил GloBE приобретение или отчуждение Контрольной доли в Участвующей компании будет рассматриваться как приобретение или отчуждение активов и обязательств, если юрисдикция, в которой находится Участвующая компания, являющаяся объектом, или, в случае Налогово-прозрачной компании, юрисдикция, в которой находятся активы, рассматривает приобретение или отчуждение Контрольной доли таким же или аналогичным образом, как приобретение или отчуждение активов и обязательств, и налагает на продавца Охватываемый налог исходя из разницы между налоговой базой и встречным вознаграждением, выплаченным в обмен на Контрольную долю, или справедливой стоимостью активов и обязательств.

Article 6.3. Передача активов и обязательств

6.3.1. В случае отчуждения или приобретения активов и обязательств, отчуждающая

Участвующая компания будет включать прирост или убыток от отчуждения в расчет своего Дохода или Убытка GloBE, а приобретающая Участвующая компания будет определять свой Доход или убыток GloBE, используя балансовую стоимость приобретенных активов и обязательств такой приобретающей Участвующей компании, определенную в соответствии со стандартом бухгалтерского учета, используемым при подготовке Консолидированной финансовой отчетности Конечной Материнской компании.

6.3.2. Если отчуждение или приобретение активов и обязательств является частью Реорганизации в рамках GloBE, статья 6.3.1 не применяется и:

(а) отчуждающая Участвующая компания исключит любой прирост или убытки при отчуждении из расчета своего Дохода или Убытка в рамках GloBE; и

(б) приобретающая Участвующая компания определит свой Доход или убыток в рамках GloBE после приобретения, используя балансовую стоимость приобретенных активов и обязательств отчуждающей Компании при отчуждении.

6.3.3. Если отчуждение или приобретение активов и обязательств является частью Реорганизации в рамках GloBE, при которой отчуждающая Участвующая компания признает Неквалифицированные прирост или убыток, статьи 6.3.1 и 6.3.2 не применяются и:

(а) отчуждающая Участвующая компания включит прирост или убыток при приобретении в свой расчет Дохода или убытка в рамках GloBE в размере Неквалифицированных прироста или убытка; и

(б) приобретающая Участвующая компания определит свой Доход или убыток в рамках GloBE после приобретения, используя балансовую стоимость приобретенных активов и обязательств отчуждающей Компании, скорректированную в соответствии с местными налоговыми правилами для учета Неквалифицированных прибыли или убытков.

6.3.4. По выбору Подающей отчетность Участвующей компании, Участвующая компания в Группе МНК, которая обязана или имеет право скорректировать базу своих активов и сумму своих обязательств в соответствии с справедливой стоимостью для целей налогообложения в юрисдикции, в которой она находится, должна:

(а) Включить в расчет своего Дохода или Убытка в рамках GloBE сумму прироста или убытка в отношении каждого из своих активов и обязательств, которая равна:

i. разнице между балансовой стоимостью актива или обязательства для целей финансового учета непосредственно перед – и справедливой стоимостью актива или обязательства непосредственно после – даты события, которое обусловило налоговую корректировку (обусловившее событие);

ii. уменьшению (или увеличению) на Неквалифицированные прирост (или убыток), при его наличии, возникший в связи с обусловившим событием;

(б) Использовать справедливую стоимость актива или обязательства для целей финансового учета сразу после наступления обусловившего события, чтобы определить Доход или убыток в рамках GloBE за Финансовые годы, заканчивающиеся после обусловившего события; и

(в) Включить чистый совокупный размер сумм, определенных в статье 6.3.4(а), в Доход или убыток в рамках GloBE Участвующей компании одним из следующих способов:

i. чистая совокупная сумма включается в Финансовый год, в котором произошло обусловившее событие; или

ii. сумма, равная чистому совокупному размеру сумм, деленная на пять, включается в Финансовый год, в котором произошло обусловившее событие, и в каждый из четырех последующих Финансовых лет, если только Участвующая компания не покинет Группу МНК в Финансовом году в течение этого периода, и в этом случае оставшаяся сумма будет полностью включена в этот Финансовый год.

Article 6.4. Совместные предприятия

6.4.1. Правила GloBE применяются к Совместному предприятию и его Дочерним организациям СП в следующем порядке в течение каждого Финансового года:

(a) Главы 3-**Error! Reference source not found.**, иArticle 8.2 применяются для целей расчета любого Дополнительного налога Совместного предприятия и его Дочерних организаций СП, как если бы они были Участвующими компаниями отдельной Группы МНК и как если бы Совместное предприятие являлось Конечной материнской компанией этой Группы;

(б) Материнская компания, которая прямо или косвенно владеет Долями участия в Совместном предприятии или Дочерней организации СП, применяет ПВД в отношении своей Распределяемой доли Дополнительного налога члена Группы СП в соответствии со статьями Article 2.1–Article 2.3; и

(в) Сумма Дополнительного налога Группы СП уменьшается на Распределяемую долю Дополнительного налога каждой Материнской компании каждого члена Группы СП, взимаемого в рамках Квалифицированного ПВД в соответствии с пунктом (б), при этом любая оставшаяся сумма добавляется к Общей сумме Дополнительного налога в рамках ПННП, учитываемой в соответствии со статьей 2.5.1.

Article 6.5. Группы МНК с несколькими материнскими компаниями

6.5.1. Следующие положения применяются к группам МНК с несколькими материнскими компаниями:

(a) Компании и Участвующие компании каждой Группы рассматриваются как члены одной Группы МНК для целей Правил GloBE (Группа МНК с несколькими материнскими компаниями);

(б) Компания (кроме Исключенной компании) рассматривается как Участвующая компания, если она консолидируется построчно Группой МНК с несколькими материнскими компаниями или ее Контрольная доля принадлежит Компаниям, входящим в Группу МНК с несколькими материнскими компаниями;

(в) Консолидированная финансовая отчетность Группы МНК с несколькими материнскими компаниями представляет собой Консолидированную финансовую отчетность, указанную в определении Сцепленной структуры или Соглашения о двойном листинге (в зависимости от ситуации), подготовленную в соответствии с Приемлемым стандартом финансовой отчетности, который считается стандартом бухгалтерского учета Конечной материнской компании;

(г) Конечные материнские компании отдельных Групп, входящих в Группу МНК с несколькими материнскими компаниями, являются Конечными материнскими компаниями Группы МНК с несколькими материнскими компаниями (при применении Правил GloBE в отношении Группы МНК с несколькими материнскими компаниями ссылки на Конечную материнскую компанию применяются, по мере необходимости, как если бы они были ссылками на несколько Конечных материнских компаний);

(д) Материнские компании Группы МНК с несколькими материнскими компаниями (включая каждую Конечную материнскую компанию), расположенные в [указать название имплементирующей Юрисдикции], применяют ПВД в соответствии со статьей 2.1–статьей 2.3 в отношении своей Распределяемой доли Дополнительного налога Участвующей компании с низким уровнем налогообложения;

(е) все Участвующие компании в Группе МНК с несколькими материнскими компаниями, расположенные в [указать название имплементирующей Юрисдикции], применяют ПННП в соответствии со статьями 2.4–2.6 с учетом Дополнительного налога каждой Участвующей компании с низким уровнем налогообложения в Группе МНК с несколькими материнскими компаниями; и

(ж) Конечные материнские компании обязаны подавать Информационную декларацию в рамках GloBE в соответствии со статьей 8.1, если только они не назначили отдельную Назначенную компанию для подачи отчетности, и такая декларация должна включать информацию, касающуюся каждой из Групп, составляющих Группу МНК с несколькими материнскими компаниями.

7 Режимы нейтральности налогообложения и распределения

Действие правил, изложенных в настоящей главе

Глава **Error! Reference source not found.** посвящена применению Правил GloBE к некоторым режимам нейтральности налогообложения и другим режимам распределения.

- Article 7.1 иArticle 7.2 предусматривают специальные правила в отношении Конечных материнских компаний, на которые распространяется режим нейтральности налогообложения (например, режим налоговой прозрачности или Режим налогообложения вычитаемых дивидендов).
- Article 7.3 предусматривает специальные правила в отношении некоторых налоговых режимов, в соответствии с которыми Компания облагается налогом на ее прибыль, когда эта прибыль распределяется или считается распределенной.
- Статьи Article 7.4–Article 7.6 содержат специальные правила в отношении контролируемых Инвестиционных компаний, которые направлены на сохранение нейтральности налогообложения этих компаний, не приводя к каким-либо утечкам в соответствии с Правилами GloBE.

Article 7.1. Конечная материнская компания, которая является Компанией сквозного налогообложения

7.1.1. Доход GloBE за Финансовый год Компании сквозного налогообложения, являющейся Конечной материнской компанией Группы МНК, уменьшается на сумму Дохода GloBE, приходящуюся на каждую Долю участия, если:

(a) владелец Доли участия облагается налогом на такой доход за налогооблагаемый период, который заканчивается в течение 12 месяцев после окончания Финансового года Группы МНК и:

(i) владелец Доли участия облагается налогом на всю сумму такого дохода по номинальной ставке, равной или превышающей Минимальную ставку; или

(ii) можно обоснованно ожидать, что совокупная сумма Скорректированных Охватываемых налогов Материнской Компании и Налогов владельца Доли участия на такой доход равна или превышает сумму, которая получается в результате умножения полной суммы такого дохода на Минимальную ставку; или

(б) владелец является физическим лицом, которое:

(i) является налоговым резидентом Юрисдикции КМК; и

(ii) владеет Долями участия, которые в совокупности дают право на 5% или менее от прибыли и активов Конечной материнской компании; или

(в) владелец является Государственным учреждением, Международной организацией, Некоммерческой организацией или Пенсионным фондом, которая или который

(i) является резидентом Юрисдикции КМК; и

(ii) владеет Долями участия, которые в совокупности дают право на 5% или менее от прибыли и активов Конечной материнской компании.

7.1.2. При расчете своего Убытка в рамках GloBE за Финансовый год Компания сквозного налогообложения, являющаяся Конечной материнской компанией Группы МНК, уменьшает свой Убыток в рамках GloBE за такой Финансовый год на сумму Убытка в рамках GloBE, относящегося к каждой Доле участия, за исключением случаев, когда владельцы Долей участия не имеют права использовать убыток при расчете своего отдельного налогооблагаемого дохода.

7.1.3. Компания сквозного налогообложения, уменьшающая свой Доход в рамках GloBE в соответствии со статьей 7.1.1, пропорционально уменьшает свои Охватываемые налоги.

7.1.4. Статьи 7.1.1–7.1.3 применяются к Постоянному представительству:

(а) через которое полностью или частично осуществляет свою деятельность Компания сквозного налогообложения, являющаяся Конечной материнской компанией Группы МНК; или

(б) через которое полностью или частично осуществляется бизнес Налогово-прозрачной компанией, если Доля участия Конечной материнской компании в этой Налогово-прозрачной компании находится в прямом или косвенном владении Налогово-прозрачной структуры.

Article 7.2. Конечная материнская компания, подпадающая под Режим налогообложения вычитаемых дивидендов

7.2.1. Для целей расчета Дохода или Убытка в рамках GloBE за Финансовый год, Конечная материнская компания, на которую распространяется Режим налогообложения вычитаемых дивидендов, уменьшает (но не ниже нуля) свой Доход в рамках GloBE за такой Финансовый год на сумму, которая была распределена в качестве Вычитаемых дивидендов в течение 12 месяцев после окончания Финансового года, если:

(а) дивиденды подлежат налогообложению у получателя дивидендов за налогооблагаемый период, который заканчивается в течение 12 месяцев после окончания Финансового года Группы МНК, и:

(i) получатель дивидендов облагается налогом на такие дивиденды по номинальной ставке, равной или превышающей Минимальную ставку;

(ii) можно обоснованно ожидать, что совокупная сумма Скорректированных Охватываемых налогов Конечной материнской Компании и Налогов, уплаченных получателем дивидендов с дохода в виде дивидендов, равна или превышает сумму, которая получается в результате умножения полной суммы такого дохода на Минимальную ставку; или

(iii) получатель дивидендов является физическим лицом, а такие дивиденды – это доход от поставляющего Кооператива; или

(б) получатель дивидендов является физическим лицом, которое:

(i) является налоговым резидентом Юрисдикции КМК; и

(ii) владеет Долями участия, которые в совокупности дают право на 5% или менее от прибыли и активов Конечной материнской компании.

(в) получатель дивидендов является резидентом Юрисдикции КМК и является:

(i) Государственным учреждением,

(ii) Международной организацией,

(iii) Некоммерческой организацией или

(iv) Пенсионным фондом, который не является Пенсионной компанией.

7.2.2. Конечная материнская компания, которая уменьшает свой Доход в рамках GloBE в соответствии со статьей 7.2.1, уменьшает свои Охватываемые налоги (кроме Налогов, по которым был разрешен вычет дивидендов) пропорционально и уменьшает свой Доход в рамках GloBE на ту же сумму.

7.2.3. Если Конечная материнская компания имеет Долю участия в другой Участвующей компании, на которую распространяется Режим налогообложения вычитаемых дивидендов (прямо или через цепочку таких Участвующих компаний), статьи 7.2.1 и 7.2.2 применяются к каждой другой Участвующей компании в Юрисдикции КМК, на которую распространяется Режим налогообложения вычитаемых дивидендов, в том объеме, в котором ее Доход в рамках GloBE далее распределяется Конечной материнской компанией среди получателей, отвечающих требованиям статьи 7.2.1.

7.2.4. Доходы от поставляющего Кооператива облагаются налогом в том объеме, в котором они уменьшают расходы или затраты, подлежащие вычету при расчете налогооблагаемого дохода получателя.

Article 7.3. Приемлемые режимы налогообложения распределений

7.3.1. Подающая отчетность Участвующая компания вправе делать ежегодный выбор в отношении Участвующей компании, которая подпадает под действие Приемлемого режима налогообложения распределений, с тем, чтобы добавить сумму Налога на условно распределенный доход, определенную в соответствии со статьей 7.3.2, к Скорректированным Охватываемым налогам за Финансовый год. Выбор, сделанный в соответствии с настоящей Статьей, должен применяется ко всем Участвующим компаниям, расположенным в данной юрисдикции.

7.3.2. Сумма Налога на условно распределенный доход составляет меньшую из следующих двух величин:

(а) сумма Скорректированных Охватываемых налогов необходимая для увеличения ЭНС, рассчитанной в соответствии со статьей 5.2.1 для этой юрисдикции за Финансовый год, до Минимальной ставки; или

(б) сумма налога, которая подлежала бы оплате, если бы Участвующие компании, расположенные в данной юрисдикции, распределили бы весь свой доход, подпадающий под Приемлемый режим налогообложения распределений, в течение такого года.

7.3.3. Годовой Счет восстановления налога на условно распределенный доход создается для каждого Финансового года, в котором применяется выбор, предусмотренный в статье 7.3.1. Счет восстановления налога на условно распределенный доход увеличивается на сумму Налога на условно распределенный доход, определенную в соответствии со статьей 7.3.2 для юрисдикции в Финансовом году, за который он был создан. В конце каждого последующего Финансового года непогашенные остатки Счетов восстановления налога на условно распределенный доход, открытых за предыдущие Финансовые годы, уменьшаются в хронологическом порядке и в соответствующих пределах, но не ниже нуля:

(а) сначала на Налоги, оплаченные Участвующими компаниями в течение Финансового года в отношении фактических или условно распределенных доходов;

(б) затем на сумму любого Чистого убытка в рамках GloBE юрисдикции, умноженную на Минимальную ставку; и

(в) затем на любую сумму Переноса Убытков по Счету возврата, примененную к текущему Финансовому году в соответствии со Статьей 7.3.4.

7.3.4. Перенос Убытков по Счету возврата создается для юрисдикции, когда сумма, описанная в статье 7.3.3(б), превышает непогашенный остаток Счета восстановления налога на условно распределенный доход. Перенос Убытков по Счету возврата должен составлять сумму, равную такому превышению, и учитываться в последующих Финансовых годах в виде уменьшения Счетов восстановления налога на условно распределенный доход в таких Финансовых годах. Когда такая сумма учитывается в последующем Финансовом году, Перенос Убытков по Счету возврата должен быть уменьшен на эту сумму.

7.3.5. Если имеется непогашенный остаток на Счете восстановления налога на условно распределенный доход (ведется в соответствии со статьей 7.3.3) в последний день четвертого Финансового года после Финансового года, для которого был создан такой счет, ЭНС и Дополнительный налог для Финансового года, для которого был создан счет, должны быть пересчитаны в соответствии со статьей 5.4.1 путем учета остатка на Счете восстановления налога на условно распределенный доход в виде уменьшения Скорректированных Охватываемых налогов, ранее определенных для такого года.

7.3.6. Налоги, оплаченные в течение Финансового года в связи с фактическим или условным распределением, не включаются в Скорректированные Охватываемые налоги в том объеме, в котором они уменьшают Счет восстановления налога на условно распределенный доход в соответствии со статьей 7.3.3.

7.3.7. В Финансовый год, когда Выходящая Участвующая компания выбывает из состава Группы МНК или передает практически все свои активы,

(а) Эффективная налоговая ставка и Дополнительный налог за каждый предшествующий год, за который не закрыт Счет восстановления налога на условно распределенный доход, пересчитывается в соответствии с принципами Статьи 5.4.1

путем принятия остатка на Счете восстановления налога на условно распределенный доход в виде уменьшения Скорректированных Охватываемых налогов ранее определенных за такой год; и

(б) любая сумма прирастающего Дополнительного налога, полученная в результате такого перерасчета, умножается на Коэффициент восстановления при передаче для определения Добавочного текущего Дополнительного налога для целей статьи 5.2.3.

7.3.8. Коэффициент восстановления при передаче определяется для каждой Выходящей Участвующей компании по следующей формуле:

$$\frac{\text{Доход GloBE -УК}}{\text{Чистый доход юрисдикции}}$$

Где:

(а) Доход GloBE УК – это сумма Доходов в рамках GloBE Выходящей Участвующей компании, определенных в соответствии с Главой 3 за каждый Финансовый год, соответствующий Счетам восстановления налога на условно распределенный доход для данной юрисдикции; и

(б) Чистый доход юрисдикции – это сумма Чистого дохода в рамках GloBE для юрисдикции, определенного в соответствии со Статьей 5.1.2 за каждый Финансовый год, соответствующий Счетам восстановления налога на условно распределенный доход для данной юрисдикции.

Article 7.4. Расчет Эффективной налоговой ставки для Инвестиционных компаний

7.4.1. ПравилаArticle 7.4 применяются к Участвующим компаниям, которые соответствуют определению Инвестиционной компании, за исключением Инвестиционных компаний, которые являются Налогово-прозрачными компаниями или подлежат выбору в соответствии соArticle 7.5 илиArticle 7.6

7.4.2. ЭНС для Инвестиционной компании, являющейся Участвующей компанией, рассчитывается отдельно от ЭНС юрисдикции, в которой она находится. ЭНС для каждой такой Инвестиционной компании равна Скорректированным Охватываемым налогам, Инвестиционной компании, деленным на Распределяемую долю Группы МНК в Доходе в рамках GloBE Инвестиционной компании, определенную в соответствии с Главой 3. Если в юрисдикции находится более одной Инвестиционной компании, Скорректированные Охватываемые налоги и Распределяемая доля Группы МНК в Доходе или Убытке в рамках GloBE каждой Инвестиционной компании, определенная для каждой такой Инвестиционной компании, объединяются для расчета ЭНС всех таких Инвестиционных компаний.

7.4.3. Скорректированные Охватываемые налоги Инвестиционной компании – это сумма Скорректированных Охватываемых налогов, определенных для Инвестиционной компании в соответствии со **Error! Reference source not found.**, относящихся к Распределяемой доле Группы МНК в Доходе в рамках GloBE Инвестиционной компании и Охватываемых налогов, отнесенных на Инвестиционную компанию в соответствии со **Error! Reference source not found.**. Скорректированные Охватываемые налоги Инвестиционной компании не включают любые Охватываемые налоги начисленные Инвестиционной компанией, относящиеся к доходу, который не является частью Распределяемой доли Группы МНК в Доходе в рамках GloBE Инвестиционной компании.

7.4.4. Распределяемая доля группы МНК в Доходе Инвестиционной компании в рамках GloBE равна Распределяемой доле Дохода или Убытка в рамках GloBE Инвестиционной компании, которая была бы определена для Конечной материнской компании в соответствии с правилами статьи 2.2.2 с учетом только тех долей, которые не подлежат выбору в соответствии со Article 7.5 илиArticle 7.6

7.4.5. Дополнительный налог Участвующей компании, являющейся Инвестиционной компанией, представляет собой сумму, равную Проценту Дополнительного налога для Инвестиционной компании, умноженному на превышение Распределяемой доли Группы МНК в Доходе в рамках GloBE Инвестиционной компании над Исключением дохода на основе существенного присутствия для Инвестиционной компании. Процент Дополнительного налога для Инвестиционной компании представляет собой превышение Минимальной ставки над ЭНС Инвестиционной компании, если таковое имеется, в процентных пунктах. Если в юрисдикции находится более одной Инвестиционной компании, Распределяемая доля группы МНК в доходе инвестиционной компании в рамках GloBE и Исключение дохода на основе существенного присутствия, определенное для каждой такой Инвестиционной компании, объединяются для расчета ЭНС всех таких Инвестиционных компаний.

7.4.6. Исключение дохода на основе существенного присутствия для Инвестиционной компании определяется в соответствии с принципами, изложенными в**Error! Reference source not found.**, без учета исключений, изложенных в статье 5.3.2, и путем учета только Допустимых материальных активов и Допустимых расходов на заработную плату Допустимых работников Инвестиционных компаний, уменьшенных пропорционально Распределяемой доле Группы МНК в Доходе в рамках GloBE Инвестиционной компании к общему Доходу в рамках GloBE Инвестиционной компании.

Article 7.5. Выбор налоговой прозрачности Инвестиционных компаний

7.5.1. Подающая отчетность Участвующая компания вправе квалифицировать Участвующую компанию, которая является Инвестиционной компанией или Страховой инвестиционной компанией, как Налогово-прозрачную компанию, если Участвующая компания-собственник подлежит налогообложению по своему местонахождению в соответствии с режимом корректировки по рынку или аналогичным режимом исходя из ежегодных изменений справедливой стоимости ее Доли участия в Компании, при этом налоговая ставка, применимая к Участвующей компании-собственнику в отношении такого дохода, равна или превышает Минимальную ставку. Для этой цели Участвующая компания, которая косвенно владеет Долей участия в Инвестиционной компании или Страховой инвестиционной компании через прямую Долю участия в другой Инвестиционной компании или Страховой инвестиционной компании, считается подлежащей налогообложению в соответствии с режимом корректировки по рынку или аналогичным режимом в отношении косвенной Доли участия в первой из указанных Компаний, если она подлежит режиму корректировки по рынку или аналогичному режиму в отношении прямой Доли участия во второй из указанных Компаний.

7.5.2. Выбор в соответствии с настоящей Статьей является Пятилетним выбором. Если выбор отменен, прирост или убыток от отчуждения активов или обязательств, принадлежащих Инвестиционной компании, определяется на основе справедливой стоимости активов или обязательств на первый день года отмены.

Article 7.6. Выбор Метода распределения налогооблагаемого дохода

7.6.1. По выбору Подающей отчетность Участвующей компании, Участвующая компания-собственник, не являющаяся Инвестиционной компанией, вправе применить Метод распределения налогооблагаемого дохода в отношении своей Доли участия в Участвующей компании, которая является Инвестиционной компанией, если можно обоснованно ожидать, что Участвующая компания-собственник будет облагаться налогом на распределения от Инвестиционной компании по налоговой ставке, равной или превышающей Минимальную ставку.

7.6.2. Согласно Методу распределения налогооблагаемого дохода:

(а) распределенные и условно распределенные суммы Дохода в рамках GloBE Инвестиционной компании включаются в Доход в рамках GloBE Участвующей компании-собственника (не являющейся Инвестиционной компанией), которая получила распределение;

(б) Увеличение на сумму локального подлежащего зачету налога включается в Доход в рамках GloBE и Скорректированные Охватываемые налоги Участвующей компании-собственника (не являющейся Инвестиционной компанией), получившей распределение;

(в) пропорциональная доля Участвующей компании-собственника в Нераспределенном чистом доходе в рамках GloBE Инвестиционной компании за Тестируемый год рассматривается как Доход в рамках GloBE Инвестиционной компании за Отчетный финансовый год, при этом результат умножения Минимальной ставки на такой Доход в рамках GloBE рассматривается как Дополнительный налог Участвующей компании с низким уровнем налогообложения в рамках Финансового года для целей главы **Error! Reference source not found.**; и

(г) Доход или убыток в рамках GloBE Инвестиционной компании за Финансовый год и любые Скорректированные Охватываемые налоги, относимые к такому доходу, исключаются из всех расчетов ЭНС в соответствии с главой **Error! Reference source not found.** и статьями 7.4.2–7.4.5, за исключением случаев, предусмотренных в пункте (б).

7.6.3. Нераспределенный чистый доход в рамках GloBE за Финансовый год – это сумма Дохода в рамках GloBE Инвестиционной компании, если таковой имеется, за Тестируемый год, уменьшенная (но не ниже нуля) на:

(а) любые Охватываемые налоги Инвестиционной компании;

(б) распределенный и условно распределенный доход акционерам, кроме Участвующих компаний, которые являются Инвестиционными компаниями, в Период тестирования;

(в) Убытки в рамках GloBE, возникшие в Период тестирования; и

(г) Переносы инвестиционных убытков.

7.6.4. Нераспределенный чистый доход в рамках GloBE за Тестируемый год не может быть уменьшен за счет распределенного или условно распределенного дохода в том объеме, в котором такие распределения рассматривались как уменьшение Нераспределенного чистого дохода в рамках GloBE за предыдущий Тестируемый год. Для целей расчета Нераспределенного чистого дохода в рамках GloBE, Чистый убыток в рамках GloBE уменьшается в том объеме, в котором за его счет был уменьшен Нераспределенный чистый доход в рамках GloBE в конце предыдущего Финансового года. Если Убыток в рамках GloBE за Финансовый год не уменьшается до нуля до конца последнего Периода тестирования, включающего такой Финансовый год, остаток становится Инвестиционным убытком, перенесенным на будущее, и уменьшается таким же образом, как и Убыток в рамках GloBE в последующие Финансовые годы.

7.6.5. Для целейArticle 7.6

(а) Тестируемый год – это третий год, предшествующий Отчетному финансовому году;

(б) Период тестирования – это период, начинающийся с первого дня Тестируемого года и заканчивающийся последним днем Отчетного финансового года, в течение которого Доля участия находилась во владении Компании Группы;

(в) условно распределенный доход возникает при передаче прямой или косвенной Доли участия в Инвестиционной компании в пользу Компании, не входящей в Группу, и равно пропорциональной доле Нераспределенного чистого дохода в рамках GloBE, приходящейся на такую Долю участия на дату такой передачи (определяется без учета условно распределенного дохода); и

(г) Увеличение на сумму локального подлежащего зачету налога – это сумма Охватываемых налогов, понесенных Инвестиционной компанией, которая может быть зачтена в счет налоговых обязательств Участвующей компании-собственника, возникающих в связи с распределением от Инвестиционной компании.

7.6.6. Выбор в соответствии с настоящей статьей является Пятилетним выбором. Если такой выбор отменен, пропорциональная доля Участвующей компании-собственника в Нераспределенном чистом доходе в рамках GloBE Инвестиционной компании за Тестируемый год в конце Финансового года, предшествующего году отмены, рассматривается как Чистый доход в рамках GloBE Инвестиционной компании за год отмены, при этом результат умножения Минимальной ставки на такой Доход в рамках GloBE рассматривается как Дополнительный налог Участвующей компании с низким уровнем налогообложения в год отмены для целей главы **Error! Reference source not found.**.

8 Администрирование

Действие правил, изложенных в настоящей главе

В главе **Error! Reference source not found.** рассматриваются некоторые административные аспекты Правил GloBE.

- Article 8.1 устанавливает обязанность Группы МНК подавать стандартную информационную декларацию в каждой юрисдикции, которая ввела Правила GloBE, с целью предоставления информации о налоговых расчетах, произведенных МНК в соответствии с Правилами GloBE.
- Article 8.2 разрешает создание определенных «безопасных гаваней».
- Article 8.3 способствует координации между налоговыми администрациями в применении Правил GloBE путем разработки Согласованного административного руководства.

Article 8.1. Обязательство по подаче документов

8.1.1. С учетом статьи 8.1.2, каждая Участвующая компания, находящаяся в [указать название имплементирующей Юрисдикции], подает Информационную декларацию в рамках GloBE в соответствии с требованиями статей 8.1.4–8.1.6 в налоговую администрацию [указать название имплементирующей Юрисдикции]. Декларация может быть подана либо самой Участвующей компанией, либо Назначенной местной компанией от ее имени.

8.1.2. Участвующая компания не обязана подавать Информационную декларацию в рамках GloBE в налоговую администрацию [указать название имплементирующей Юрисдикции], если Информационная декларация в рамках GloBE, соответствующая требованиям статей 8.1.4 – 8.1.6, была подана любой из указанных ниже компаний:

(a) Конечной материнской компанией, находящейся в юрисдикции, которая имеет действующее Специальное соглашение с компетентным органом с [указать название имплементирующей Юрисдикции] на Отчетный финансовый год; или

(б) Назначенной компанией для подачи отчетности, находящейся в юрисдикции, которая имеет действующее Специальное соглашение с компетентным органом с [указать название имплементирующей Юрисдикции] на Отчетный финансовый год.

8.1.3. Если применяется статья 8.1.2, Участвующая компания, находящаяся в [указать название имплементирующей Юрисдикции], или Назначенная местная компания от ее имени уведомляет налоговую администрацию [указать название имплементирующей Юрисдикции] об идентификационных данных Компании, которая подает Информационную декларацию в рамках GloBE, и о юрисдикции, в которой она находится.

8.1.4. Информационная декларация в рамках GloBE подается по стандартной форме, разработанной в соответствии со Структурой внедрения GloBE, и должна включать следующую информацию, касающуюся Группы МНК (которая должна быть уточнена, расширена или ограничена в соответствии со Структурой внедрения GloBE, в том числе путем разработки упрощенных процедур отчетности):

(а) идентификацию Участвующих компаний, включая их идентификационные номера налогоплательщиков (если они существуют), юрисдикцию, в которой они находятся, и их статус в соответствии с Правилами GloBE,

(б) Информацию об общей корпоративной структуре Группы МНК, включая Контрольные доли в Участвующих компаниях, принадлежащих другим Участвующим компаниям;

(в) информацию, необходимую для расчета:

i. ЭНС для каждой юрисдикции и Дополнительного налога каждой Участвующей компании в соответствии с главой **Error! Reference source not found.**;

ii. Дополнительного налога члена Группы СП в соответствии с главой 6;

iii. распределения Суммы Дополнительного налога в рамках ПВД и Суммы Дополнительного налога в рамках ПННП для каждой юрисдикции в соответствии с главой **Error! Reference source not found.**;

(г) запись о выборах, сделанных согласно соответствующим положениям Правил GloBE; и

(д) другую информацию, которая согласована в рамках Структуры внедрения GloBE и необходима для осуществления администрирования Правил GloBE.

8.1.5. В Информационной декларации в рамках GloBE должны применяться определения и инструкции, содержащиеся в стандартном шаблоне, который разработан в соответствии со Структурой внедрения GloBE.

8.1.6. Информационная декларация в рамках GloBE и уведомления в соответствии с настоящей Статьей подаются в налоговую администрацию [указать название имплементирующей Юрисдикции] не позднее 15 месяцев с последнего дня Отчетного финансового года.

8.1.7. Налоговая администрация [указать название имплементирующей Юрисдикции] может изменить требования к содержанию, подаче и уведомлению касательно Информационной декларации в рамках GloBE, для приведения этих требований в соответствие с требованиями, предусмотренными в рамках Структуры внедрения GloBE (включая разработку упрощенных процедур отчетности).

8.1.8. К Информационной декларации в рамках GloBE применяется законодательство [указать название имплементирующей Юрисдикции] в отношении штрафов, санкций и конфиденциальности деклараций и информации о декларациях.

Article 8.2. «Безопасные гавани»

8.2.1. По выбору Подающей отчетность Участвующей компании и несмотря на положения главы **Error! Reference source not found.**, Дополнительный налог для юрисдикции (юрисдикции «безопасной гавани») считается равным нулю для Финансового года, если Участвующие компании, расположенные в этой юрисдикции, имеют право на применение Положений о «безопасной гавани» в рамках GloBE, в соответствии с условиями, предусмотренными в Структуре внедрения GloBE и применимыми к данному Финансовому году.

8.2.2. Выбор, сделанный в отношении юрисдикции в соответствии со статьей 8.2.1, не применяется в обстоятельствах, когда:

(а) к [указать название имплементирующей Юрисдикции] может быть отнесен Дополнительный налог в соответствии с Правилами GloBE, если ЭНС для юрисдикции «безопасной гавани», рассчитанная в соответствии с главой **Error! Reference source not found.**, ниже Минимальной ставки; и

(б) налоговое ведомство [указать название имплементирующей Юрисдикции] уведомляет Ответственную Участвующую компанию (или Компании) в течение 36 месяцев после подачи Информационной декларации в рамках GloBE о конкретных фактах и обстоятельствах, которые могли существенно повлиять на право Участвующих компаний, расположенных в юрисдикции «безопасной гавани», воспользоваться соответствующим положением о «безопасной гавани» и предлагает Ответственной Участвующей компании (или Компаниям) пояснить в течение шести месяцев влияние этих фактов и обстоятельств на право этих Участвующих компаний на данную «безопасную гавань»; и

(в) Ответственная Участвующая компания (или компании) не продемонстрировала в течение срока ответа, что эти факты и обстоятельства не оказали существенного влияния на право Участвующих компаний на соответствующую «безопасную гавань».

Article 8.3. Административное руководство

8.3.1. Налоговая администрация [указать название имплементирующей Юрисдикции], с учетом любых требований внутреннего законодательства, применяет Правила GloBE в соответствии с любым Согласованным административным руководством.

9 Переходные правила

Действие правил, изложенных в настоящей главе

В главе 9 изложены некоторые Переходные правила.

- Article 9.1 содержит переходные правила, которые применяются, когда Группа МНК входит в сферу действия Правил GloBE.
- Article 9.2 изменяет процентные доли, применяемые при расчете Исключения дохода на основе существенного присутствия согласно**Error! Reference source not found.** в течение переходного периода.
- Article 9.3 предусматривает исключение из ПННП для Групп МНК, которые находятся на начальном этапе своей международной деятельности.
- Article 9.4 предусматривает переходные льготы в отношении обязательств по подаче документов.

Article 9.1. Налоговые составляющие при переходе

9.1.1. При определении ЭНС для юрисдикции в Переходный год и для каждого последующего года Группа МНК учитывает все отложенные налоговые активы и отложенные налоговые обязательства, отраженные или раскрытые в финансовой отчетности всех Участвующих компаний в юрисдикции за Переходный год. Такие отложенные налоговые активы и обязательства должны быть учтены по наименьшей из следующих ставок: по Минимальной ставке или по применимой ставке внутреннего налога. Отложенный налоговый актив, который был отражен по ставке ниже Минимальной ставки, может быть учтен по Минимальной ставке, если налогоплательщик может продемонстрировать, что отложенный налоговый актив относится к Убытку в рамках GloBE. Для целей применения настоящей Статьи влияние любой корректировки оценки или корректировки бухгалтерского признания в отношении отложенного налогового актива не принимается во внимание.

9.1.2. Отложенные налоговые активы, возникающие из статей, исключенных из расчета Дохода или Убытка в рамках GloBE в соответствии с главой 3, должны быть исключены из расчета по статье 9.1.1, если такие отложенные налоговые активы возникают в результате операции, совершенной после 30 ноября 2021 года.

9.1.3. В случае передачи активов между Участвующими компаниями после 30 ноября 2021 года и до начала Переходного года, база в отношении приобретенных активов (за исключением товарно-материальных запасов) основывается на балансовой стоимости переданных активов отчуждающей Компании при отчуждении, а отложенные налоговые активы и обязательства, переводимые в GloBE, определяются на этой основе.

Article 9.2. Переходная льгота для Исключения дохода на основе существенного присутствия

9.2.1. Для целей применения статьи 5.3.3 значение 5% заменяется значением, указанным в таблице, приведенной ниже, для каждого Финансового года, начинающегося в каждом из следующих календарных лет:

Финансовый год, начинающийся в	Ставка согласно статье 5.3.3
2023	10%
2024	9.8%
2025	9.6%
2026	9.4%
2027	9.2%
2028	9.0%
2029	8.2%
2030	7.4%
2031	6.6%
2032	5.8%

9.2.2. Для целей применения статьи 5.3.4 значение 5% заменяется значением, указанным в таблице, приведенной ниже, для каждого Финансового года, начинающегося в каждом из следующих календарных лет:

Финансовый год, начинающийся в	Ставка согласно статье 5.3.4
2023	8.0%
2024	7.8%
2025	7.6%
2026	7.4%
2027	7.2%
2028	7.0%
2029	6.6%
2030	6.2%
2031	5.8%
2032	5.4%

Article 9.3. Исключение из ПННП Групп МНК на начальном этапе их международной деятельности

9.3.1. С учетом статьи 9.3.4, Дополнительный налог, который в противном случае учитывался бы в соответствии со статьей 2.5.1, уменьшается до нуля на начальном этапе международной деятельности Группы МНК, несмотря на иные требования, предусмотренные в главе **Error! Reference source not found.**.

9.3.2. Для целей статьи 9.3 Группа МНК находится на начальном этапе своей международной деятельности, если за Финансовый год:

(а) компания имеет Участвующие компании не более, чем в шести юрисдикциях; и

(б) сумма Чистой балансовой стоимости материальных активов всех Участвующих компаний, расположенных во всех юрисдикциях, кроме Основной юрисдикции, не превышает 50 млн. евро.

9.3.3. Для целей статьи 9.3.2, Основная юрисдикция Группы МНК – это юрисдикция, в которой Группа МНК имеет наибольшую общую стоимость Материальных активов за Финансовый год, в котором Группа МНК первоначально попадает в сферу действия Правил GloBE. Общая стоимость Материальных активов в юрисдикции представляет собой сумму Чистой балансовой стоимости всех Материальных активов всех Участвующих компаний Группы МНК, находящихся в данной юрисдикции.

9.3.4. Настоящая статья 9.3 не применяется в отношении любого Финансового года, который начинается позднее, чем через пять лет после первого дня первого Финансового года, когда Группа МНК первоначально попала в сферу действия Правил GloBE. Для Групп МНК, которые находятся в сфере действия Правил GloBE на момент их вступления в силу, пятилетний период будет начинаться с момента вступления в силу Правил ПННП.

9.3.5. [*Факультативное положение*] Если [указать название имплементирующей Юрисдикции] является Основной юрисдикцией для Группы МНК в соответствии со статьей 9.3.3, то статья 9.3.1 не применяется на начальном этапе международной деятельности этой Группы МНК, при этом в течение этого начального этапа:

(а) [*Факультативное положение*] Дополнительный налог, рассчитанный для Участвующей компании с низким уровнем налогообложения, который учитывался бы в соответствии со статьей 2.5.1, уменьшается до нуля, если такая Участвующая компания с низким уровнем налогообложения находится в Основной юрисдикции, несмотря на иные требования, предусмотренные в главе **Error! Reference source not found.**; и

(б) Процент в рамках ПННП для юрисдикций, не являющихся Основной юрисдикцией, считается равным нулю.

Article 9.4. Переходные льготы в отношении обязательств по подаче документов

9.4.1. Несмотря на статью 8.1.6, Информационная декларация в рамках GloBE или уведомления в соответствии со Article 8.1подаются в налоговую администрацию [указать название имплементирующей Юрисдикции] не позднее 18 месяцев после последнего дня Отчетного финансового года, который является Переходным годом.

10 Определения

Действие правил, изложенных в настоящей главе

В главе **Error! Reference source not found.** приведены определения терминов, используемых в других разделах Правил GloBE.

- Article 10.1 содержит общие определения, которые используются в Правилах GloBE.
- Article 10.2 содержит некоторые определения в отношении Компаний сквозного налогообложения.
- Article 10.3 устанавливает правила определения местонахождения Компании для целей применения Правил GloBE.

Article 10.1. Определенные термины

10.1.1. Термины, приведенные ниже, имеют следующие определения:

Приемлемый стандарт финансовой отчетности — Международные стандарты финансовой отчетности (МСФО) и общепринятые принципы бухгалтерского учета Австралии, Бразилии, Канады, государств-членов Европейского союза, государств-членов Европейской экономической зоны, Гонконга (Китай), Японии, Мексики, Новой Зеландии, Китайской Народной Республики, Республики Индия, Республики Корея, России, Сингапура, Швейцарии, Великобритании и Соединенных Штатов Америки.

Начисленные пенсионные расходы — разница между суммой расходов по пенсионным обязательствам, включенной в Чистый доход или убыток по финансовому учету, и суммой взносов в Пенсионный фонд за Финансовый год.

Добавочный текущий Дополнительный налог — сумма налога, определенную в**Error! Reference source not found.**, а также любую сумму, рассматриваемую как Добавочный текущий Дополнительный налог, определенную в соответствии со статьей 5.4, например, сумму, определенную в соответствии со статьей 4.1.5 илиArticle 7.3

Дополнительный капитал первого уровня — инструмент, выпущенный Участвующей компанией в соответствии с требованиями пруденциального регулирования, применимыми к банковскому сектору, конвертируемый в капитал или списываемый в случае наступления заранее оговоренного обуславливающего события и обладающий другими характеристиками, призванными способствовать поглощению убытков в случае финансового кризиса.

Добавочная сумма к Охватываемым ногам имеет значение, определенное в статье 4.1.2.

Скорректированный прирост от активов – в отношении Совокупного прироста от активов, в отношении которого осуществляется выбор в соответствии со статьей 3.2.6, — сумма, равная

Совокупному приросту от активов в Году выбора налогового периода, уменьшенная на любую сумму такого прироста, которая была использована в счет Чистого убытка от активов в предыдущем Году убытка в соответствии с пунктом (б) или (в) статьи 3.2.6.

Скорректированные Охватываемые налоги – имеет значение, определенное в статье 4.1.1.

Совокупная прибыль от активов – в отношении выбора в соответствии со статьей 3.2.6 – чистая прибыль в Году выбора налогового периода от отчуждения Местных материальных активов всеми Участвующими компаниями, находящимися в юрисдикции, за исключением прибыли или убытка от передачи активов между Участниками Группы.

Согласованное административное руководство — руководство по толкованию или применению Правил GloBE, изданное Инклюзивной структурой ОЭСР/G20.

Распределяемая доля Дополнительного налога определена в статье 2.2.1.

Ежегодный выбор налогового периода — выбор, осуществляемый Подающей отчетность Участвующей компанией, который применяется только к Финансовому году, в отношении которого сделан выбор.

Распределенный прирост от активов – в отношении выбора в соответствии со статьей 3.2.6 — Скорректированный прирост от активов, который распределяется на Финансовый год в Период пересмотра в соответствии со статьей 3.2.6(г).

Принцип «вытянутой руки» — принцип, согласно которому сделки между Участвующими компаниями должны отражаться в учете на основе условий, которые были бы достигнуты между независимыми предприятиями при сопоставимых сделках и в сопоставимых обстоятельствах.

Асимметричные прибыли или убытки от курсовой разницы – прибыли или убытки в иностранной валюте компании, функциональные валюты которой отличаются в бухгалтерском и налоговом учете и:

(а) включены в расчет налогооблагаемого дохода или убытка Участвующей компании и относятся на колебания обменного курса между ее функциональной валютой бухгалтерского учета и ее функциональной валютой налогового учета;

(б) включены в расчет Чистого дохода или убытка по финансовому учету Участвующей компании и связаны с колебаниями обменного курса между ее функциональной валютой налогового учета и ее функциональной валютой бухгалтерского учета;

(в) включены в расчет Чистого дохода или убытка по финансовому учету Участвующей компании и относятся к колебаниям обменного курса между сторонней иностранной валютой и ее функциональной валютой бухгалтерского учета; и

(г) относятся на колебания обменного курса между сторонней иностранной валютой и ее функциональной валютой налогового учета, независимо от того, включены ли такие прибыли или убытки от курсовой разницы в налогооблагаемый доход.

Функциональной валютой налогового учета является– функциональная валюта, используемая для определения налогооблагаемого дохода или убытка Участвующей компании по Охватываемым налогам в юрисдикции, в которой она находится. Функциональной валютой бухгалтерского учета является– функциональная валюта, используемая для определения Чистого дохода или убытка по финансовому учету Участвующей компании. Сторонней иностранной валютой является– валюта, которая не является ни функциональной валютой налогового учета Участвующей компании, ни ее функциональной валютой бухгалтерского учета.

Уполномоченный орган по вопросам бухгалтерского учета — орган, обладающий юридическими полномочиями в той или иной юрисдикции предписывать, устанавливать или принимать стандарты бухгалтерского учета для целей финансовой отчетности.

Разрешенный стандарт финансовой отчетности – в отношении любой Компании — свод общепринятых принципов бухгалтерского учета, разрешенных Уполномоченным органом по вопросам бухгалтерского учета в юрисдикции, где находится данная Компания.

Средний доход или убыток рамках GloBE – имеет значение, определенное в статье 5.5.2.

Средний оборот в рамках GloBE – имеет значение, определенное в статье 5.5.2.

Комментарий – Комментарий к Правилам GloBE, разработанный в рамках программы Инклюзивной структуры ОЭСР/G20 по противодействию размыванию налоговой базы и выводу прибыли из-под налогообложения.

Консолидированная финансовая отчетность — это:

(а) финансовая отчетность, подготовленная Компанией в соответствии с Приемлемым стандартом финансовой отчетности, в которой активы, обязательства, доходы, расходы и движение денежных средств этой Компании и Компаний, в которых она имеет Контрольную долю, представлены как отчетность единой экономической единицы;

(б) если Компания соответствует определению Группы в соответствии со Статьей 1.2.3 – финансовая отчетность Компании, подготовленная в соответствии с Приемлемым стандартом финансовой отчетности;

(в) если Конечная материнская компания имеет финансовую отчетность, описанную в пункте (а) или (б), которая не подготовлена в соответствии с Приемлемым стандартом финансовой отчетности – финансовой отчетностью является отчетность, подготовленная с учетом корректировок для предотвращения Существенных искажений конкуренции; и

(г) если Конечная материнская компания не готовит финансовую отчетность, описанную в пунктах выше Консолидированная финансовая отчетность Конечной материнской компании представляет собой отчетность, которая была бы подготовлена, если бы такая Компания должна была подготовить такую отчетность в соответствии с Разрешенным стандартом финансовой отчетности, который является либо Приемлемым стандартом финансовой отчетности, либо другим стандартом финансовой отчетности, скорректированным для предотвращения Существенных конкурентных искажений.

Участвующая компания (CE) – имеет значение, определенное в Статье 1.3.1.

Участвующая компания-собственник — Участвующая компания, которая прямо или косвенно владеет Долей участия в другой Участвующей компании той же Группы МНК.

Налоговый режим контролируемых иностранных компаний — свод налоговых правил (кроме ПВД), в соответствии с которыми прямой или косвенный акционер иностранной компании (контролируемой иностранной компании или КИК) подлежит текущему налогообложению на свою долю части или всего дохода, полученного КИК, независимо от того, распределяется ли этот доход акционеру в настоящее время.

Контрольная доля — Доля участия в Компании, приводящая к тому, что держатель доли:

(а) обязан консолидировать активы, обязательства, доходы, расходы и денежные потоки

Компании на построчной основе в соответствии с Приемлемым стандартом финансовой отчетности; или

(б) был бы обязан консолидировать активы, обязательства, доходы, расходы и денежные потоки Компании на построчной основе, если бы держатель доли готовил Консолидированную финансовую отчетность.

Считается, что Головная компания владеет Контрольными долями своих Постоянных представительств.

Кооператив — Компания, которая коллективно продает или приобретает товары или услуги от имени своих членов и которая подпадает под налоговый режим в юрисдикции, в которой она находится, призванный обеспечить нейтральность налогообложения в отношении имущества или услуг членов, продаваемых через кооператив, и имущества или услуг, приобретаемых членами через кооператив.

Охватываемые налоги – имеет значение, определенное в**Error! Reference source not found.**

Вычитаемые дивиденды —в отношении Участвующей компании, на которую распространяется Режим налогообложения вычитаемых дивидендов – это:

(а) распределение прибыли владельцу Доли участия, которое вычитается из налогооблагаемого дохода Участвующей компании в соответствии с законодательством юрисдикции, в которой она находится; или

(б) доходы, выплачиваемые члену Кооператива.

Режим налогообложения вычитаемых дивидендов — налоговый режим, направленный на установление разового уровня налогообложения собственников Компании путем вычета из дохода Компании сумм прибыли, распределяемой среди собственников. В этих целях доходы, выплачиваемые в рамках Кооператива, рассматриваются как выплаты собственникам. Режим налогообложения вычитаемых дивидендов также включает режим, применимый к Кооперативам, который освобождает Кооператив от налогообложения.

Налог на условно распределенный доход – имеет значение, определенное в статье 7.3.2.

Счет восстановления налога на условно распределенный доход — счет, который ведется в соответствии со статьей 7.3.3.

Выходящая Участвующая компания — Участвующая компания, к которой применяется выбор в соответствии со статьей 7.3.1 и которая выходит из Группы МНК или передает практически все свои активы лицу, не являющемуся Участвующей компанией той же Группы МНК, расположенной в той же юрисдикции.

Назначенная компания для подачи отчетности — Участвующая компания, за исключением Конечной материнской компании, которая была назначена Группой МНК для подачи Информационной декларации в рамках GloBE от имени Группы МНК.

Назначенная местная компания — Участвующая компания Группы МНК, находящаяся в [указать название имплементирующей Юрисдикции] и назначенная другими Участвующими компаниями, находящимися в [указать название имплементирующей Юрисдикции] Группы МНК для подачи Информационной декларации в рамках GloBE или подачи уведомлений в соответствии со статьей 8.1.3.

Недопустимое начисление определено в статье 4.4.6.

Коэффициент восстановления при передаче определен в статье 7.3.8.

Неквалифицированный возмещаемый условный налог — любая сумма Налога, кроме Квалифицированного условного налога, начисленная или уплаченная Участвующей компанией, который

(а) подлежит возврату бенефициарному собственнику дивидендов, распределенных такой Участвующей компанией, в отношении таких дивидендов или подлежит зачету бенефициарным собственником в счет налогового обязательства, отличного от налогового обязательства в отношении таких дивидендов; или

(б) подлежит возмещению распределяющей корпорации при распределении дивидендов.

Соглашение о двойном листинге — соглашение, заключенное двумя или более Конечными материнскими компаниями отдельных Групп, в соответствии с которым:

(а) Конечные материнские компании согласны объединить свой бизнес только на основании договора;

(б) в соответствии с договорными соглашениями Конечные материнские компании будут осуществлять распределение (в отношении дивидендов и при ликвидации) среди своих акционеров на основе фиксированного соотношения;

(в) их деятельность управляется как единая экономическая компания в рамках договорных отношений, сохраняя при этом их отдельную юридическую правосубъектность;

(г) Доли участия в Конечных материнских компаниях, входящих в соглашение, котируются, торгуются или передаются независимо друг от друга на разных рынках капитала; и

(д) Конечные материнские компании составляют Консолидированную финансовую отчетность, в которой активы, обязательства, доходы, расходы и движение денежных средств всех Компаний в составе Групп представлены вместе как принадлежащие единой экономической единице и которая в соответствии с требованиями регулирующих органов подлежит внешнему аудиту.

Эффективная налоговая ставка (ЭНС) определена в статье 5.1.1.

Год выбора налогового периода в отношении Ежегодного выбора налогового периода — год, в отношении которого сделан выбор.

Приемлемая режим налогообложения распределений — система налогообложения корпоративного дохода, при которой

(а) корпорация облагается налогом на доход, причем налог обычно оплачивается только в том случае, если корпорация распределяет прибыль среди участников, считается распределяющей прибыль среди участников или несет определенные некоммерческие расходы;

(б) взимается налог по ставке, равной или превышающей Минимальную ставку; и

(в) и которая действовала на 1 июля 2021 года или ранее.

Допустимые работники — это работники, в том числе работающие неполный рабочий день, Участвующей компании, которая является членом Группы МНК, и независимые подрядчики, участвующие в обычной операционной деятельности Группы МНК под руководством и контролем Группы МНК.

Допустимые расходы на заработную плату — расходы на оплату труда работников (включая заработную плату, оклады и другие расходы, обеспечивающие прямые и отдельные личные выгоды работника, такие как взносы на медицинское страхование и пенсионные отчисления), налоги на фонд оплаты труда и налоги на занятость, а также взносы работодателя на социальное обеспечение.

Допустимые материальные активы определены в статье 5.3.4.

Компания —:

(а) любое юридическое лицо (не физическое лицо);

(б) образование, ведущее самостоятельный финансовый учет, например, партнерство или траст.

Статья о корректировке ЭНС — статья 3.2.6, статья 4.4.4, статья 4.6.1, статья 4.6.4, иArticle 7.3

Сверхприбыль определена в статье 5.2.2.

Исключенные дивиденды — дивиденды или другие распределения, полученные или начисленные в отношении Доли участия, за исключением:

(а) Краткосрочного портфельного владения акциями, и

(б) Доли участия в Инвестиционной компании, которая подлежит выбору в соответствии со Article 7.6.

Исключенная компания определена в статье 1.5.1 и статье 1.5.2.

Исключенные прирост или убыток от капитала — прирост, прибыль или убыток, включенные в Чистый доход или убыток по финансовому учету Компании, возникающие в результате:

(а) прироста и убытков от изменения справедливой стоимости Доли участия, за исключением Портфеля акций;

(б) прироста или убытков в отношении Доли участия, учитываемой по методу долевого участия; и

(в) прироста или убытков от отчуждения Доли участия, за исключением отчуждения Портфеля акций.

Подающая отчетность Участвующая компания — Компания, подающая Информационную декларацию в рамках GloBE в соответствии соArticle 8.1

Чистый доход или убыток по финансовому учету определен в статье 3.1.2.

Финансовый год — отчетный период, в отношении которого Конечная материнская компания Группы МНК составляет свою Консолидированную финансовую отчетность. В случае Консолидированной финансовой отчетности, как определено в пункте (г) ее определения, Финансовый год — календарный год.

Пятилетний выбор — выбор налогового периода, сделанный Подающей отчетность Участвующей компанией в отношении Финансового года (год выбора налогового периода), который не может быть отозван в отношении года выбора налогового периода или четырех последующих Финансовых лет. Если Пятилетний выбор отозван в отношении Финансового года (год отмены), новый выбор не может быть сделан в отношении четырех Финансовых лет, следующих за годом отмены.

Органы власти — центральная администрация, учреждения, деятельность которых находится под ее фактическим контролем, органы власти штатов и местного самоуправления и их администрации.

Рамочная программа внедрения GloBE — процедуры, которые должны быть разработаны в рамках Инклюзивной структуры ОЭСР/G20 по противодействию размыванию налоговой базы и выводу прибыли из-под налогообложения с целью разработки административных правил, руководств и процедур, которые будут способствовать скоординированному внедрению Правил GloBE.

Доход в рамках GloBE всех Участвующих компаний имеет значение, определенное в статье 5.1.2(а).

Доход или убыток в рамках GloBE Участвующей компании имеет значение, определенное в статье 3.1.1.

Информационная декларация в рамках GloBE — стандартизированная декларация, разрабатываемая в соответствии с Рамочной программой внедрения GloBE и содержащая информацию, описанную в статье 8.1.4.

Налоговый актив с переносом убытков на будущие периоды в рамках GloBE имеет значение, определенное вArticle 4.5

Выбор налогового периода в отношении убытка в рамках GloBE имеет значение, определенное в статье 4.5.1.

Убытки в рамках GloBE всех Участвующих компаний имеет значение, определенное в статье 5.1.2(б)

Реорганизация в рамках GloBE — преобразование или передача активов и обязательств, например, при слиянии, разделении, ликвидации или аналогичной операции, когда:

(а) вознаграждением за передачу являются, полностью или в значительной части, доли участия в капитале, выпущенные приобретающей Участвующей компанией или лицом, связанным с приобретающей Участвующей компанией, или, в случае ликвидации, доли участия в капитале объекта (или, при отсутствии встречного удовлетворения, если выпуск доли участия не имеет экономического значения);

(б) прирост или убыток отчуждающей Участвующей компании по этим активам не подлежит налогообложению, полностью или частично; и

(в) налоговое законодательство юрисдикции, в которой находится приобретающая Участвующая компания, требует, чтобы приобретающая Участвующая компания рассчитывала налогооблагаемый доход после отчуждения или приобретения, используя налоговую базу отчуждающей Участвующей компании в отношении активов, скорректированную на любые Неквалифицированные прирост или убыток от отчуждения или приобретения.

Доход в рамках GloBE имеет значение, определенное в статье 5.5.3(а) для целей статьи 5.5.2.

Правила GloBE означает свод правил, разработанных в рамках программы Инклюзивной структурой ОЭСР/G20 по противодействию размыванию налоговой базы и выводу прибыли из-под налогообложения.

Положение о «безопасной гавани» в рамках GloBE — исключение, предусмотренное в статье 8.2.1 для облегчения соблюдения со стороны МНК и администрирования налоговыми органами. Условия, при которых Участвующие компании Группы МНК, находящиеся в той или иной юрисдикции, имеют право на использование Положения о «безопасной гавани» в рамках GloBE, будут устанавливаться в соответствии с общим и согласованным процессом, определяемым в рамках Инклюзивной структуры ОЭСР/G20 по противодействию размыванию налоговой базы и выводу прибыли из-под налогообложения для разработки Рамочной программы внедрения GloBE.

Государственное учреждение — Компания, которая отвечает всем следующим критериям, указанным в пунктах (а) – (г) ниже:

(а) оно частично или полностью принадлежит правительству (в том числе любому его политическому подразделению или местному органу власти);

(б) его основной целью является:

(i) выполнение государственной функции; или

(ii) управление или инвестирование активов этого правительства или этой юрисдикции посредством осуществления и холдинга инвестиций, управления активами и соответствующей инвестиционной деятельности в отношении активов правительства или юрисдикции;

и не занимается коммерцией или бизнесом;

(в) оно подотчетно правительству в отношении общих результатов своей деятельности и предоставляет правительству ежегодную информационную отчетность; и

(г) его активы переходят к такому правительству после роспуска, и, если оно распределяет чистую прибыль, такая чистая прибыль распределяется исключительно такому правительству, и никакая часть ее чистой прибыли не поступает в пользу какого-либо частного лица.

Группа определена в статье 1.2.2 и 1.2.3.

Компания Группы, в отношении любой Компании или Группы, — Компания, которая входит в состав той же Группы.

Контрагент с высоким уровнем налогообложения — Участвующая компания, находящаяся в юрисдикции, которая не является Юрисдикцией с низким уровнем налогообложения, или находящаяся в юрисдикции, которая не являлась бы Юрисдикцией с низким уровнем налогообложения, если бы ее ЭНС определялась без учета любых доходов или расходов, начисленных этой Компанией в отношении Внутригруппового соглашения о финансировании.

МСФО — Международные стандарты финансовой отчетности.

ПВД — правила, изложенные в статьях Article 2.1–Article 2.3.

Включенный прирост или убыток по методу переоценки — чистый прирост или убыток, увеличенный или уменьшенный на любые связанные Охватываемые налоги за Финансовый год в отношении всех основных средств, возникающий в соответствии с методом или практикой бухгалтерского учета, которые:

(а) периодически корректируют балансовую стоимость такого имущества до его справедливой стоимости;

(б) отражают изменения стоимости в составе Прочего совокупного дохода; и

(в) не отражают впоследствии прирост или убытки, отраженные в составе Прочего совокупного дохода через прибыль или убыток.

Страховая инвестиционная компания – Компания, отвечающая определению Инвестиционного фонда или Компании, специализирующейся на инвестициях в недвижимость, за тем исключением, что она создана в отношении обязательств по договору страхования или аннуитета и полностью принадлежит Компании, которая подлежит регулированию по своему месту нахождения как страховая компания.

Промежуточная материнская компания – Участвующая компания (которая не является Конечной материнской компанией, Материнской компанией в частичном владении, Постоянным представительством или Инвестиционной компанией), которая владеет (прямо или косвенно) Долей участия в другой Участвующей компании в той же Группе МНК.

Международная организация – любая межправительственная организация (включая наднациональную организацию) или полностью принадлежащее ей агентство или структурное подразделение, отвечающее всем критериям, изложенным в пунктах (а)–(в) ниже:

(а) в ее состав входят главным образом правительства;

(б) она имеет действующее соглашение о штаб-квартире или практически аналогичное соглашение (например, соглашения, дающие право на привилегии и иммунитеты офисам или учреждениям организации в данной юрисдикции (например, подразделению, местному или региональному отделению)) с юрисдикцией, в которой она учреждена; и

(в) законодательство или ее руководящие документы не позволяют ее доходам поступать в пользу частных лиц.

Доход от международных перевозок – имеет значение, определенное в статье 3.3.2.

Внутригрупповое соглашение о финансировании – любое соглашение, заключенное между двумя или более членами Группы МНК, в соответствии с которым Контрагент с высоким уровнем налогообложения прямо или косвенно предоставляет кредит или иным образом осуществляет инвестиции в Компанию с низким уровнем налогообложения.

Инвестиционная компания – это:

(а) Инвестиционный фонд или Компания, специализирующаяся на инвестициях в недвижимость;

(б) Компания, которая не менее чем на 95% принадлежит непосредственно Компании, описанной в пункте (а), или через цепочку таких Компаний и которая осуществляет свою деятельность исключительно или почти исключительно для владения активами или инвестирования средств в интересах таких Инвестиционных компаний; и

(в) Компания, в которой не менее 85% стоимости Компании принадлежит Компании, указанной в пункте (а), при условии, что практически весь доход Компании – это Исключенные дивиденды или Исключенная прибыль или убыток от капитала, которые исключены из расчета Дохода или Убытка в рамках GloBE в соответствии с пунктом (б) или (в) статьи 3.2.1.

Инвестиционный фонд – Компания, которая отвечает всем критериям, изложенным в пунктах (а) – (ж) ниже:

(а) предназначена для объединения активов (которые могут быть финансовыми и нефинансовыми) ряда инвесторов (некоторые из которых не связаны между собой);

(б) инвестирует в соответствии с определенной инвестиционной политикой;

(в) позволяет инвесторам сократить операционные, исследовательские и аналитические расходы или коллективно распределить риски;

(г) предназначена в первую очередь для получения инвестиционного дохода или прибыли, или защиты от конкретного или общего события или исхода;

(д) инвесторы имеют право на получение прибыли от активов фонда или дохода, заработанного на этих активах, исходя из взносов, вложенных этими инвесторами;

(е) Компания или ее руководство подпадает под режим регулирования в юрисдикции, в которой она создана или управляется (включая соответствующее регулирование по борьбе с отмыванием денег и защите инвесторов); и

(ж) управление ею осуществляется от имени инвесторов профессионалами по управлению инвестиционными фондами.

Совместное предприятие (СП) – Компания, финансовые результаты которой отражаются по методу долевого участия в Консолидированной финансовой отчетности Конечной материнской компании при условии, что Конечная материнская компания прямо или косвенно владеет не менее 50% ее Долей участия. Совместное предприятие не включает:

(а) Конечную материнскую компанию Группы МНК, на которую распространяются Правила GloBE;

(б) Исключенную компанию, как определено в статье 1.5.1;

(в) Компанию, чьими Долями участия, принадлежащими Группе МНК, осуществляется владение непосредственно через Исключенную компанию, указанную в статье 1.5.1, при этом Компания:

(i) осуществляет свою деятельность исключительно или почти исключительно для владения активами или инвестирования средств в интересах своих инвесторов;

(ii) осуществляет деятельность, которая является вспомогательной по отношению к деятельности, осуществляемой Исключенной компанией; или

(iii) практически весь ее доход исключается из расчета Дохода или Убытка в рамках GloBE в соответствии с пунктом (б) или (в) статьи 3.2.1.

(г) Компанию, которая принадлежит Группе МНК, состоящей исключительно из Исключенных компаний; или

(д) Дочернюю организацию СП.

Группа СП – Совместное предприятие и его Дочерние организации СП.

Дополнительный налог Группы СП – Распределяемая доля Конечной материнской компании в Дополнительном налоге всех членов Группы СП.

Дочерняя организация СП – Компания, активы, обязательства, доходы, расходы и денежные потоки которой консолидируются Совместным предприятием в соответствии с Приемлемым стандартом финансовой отчетности (или которая должна была бы их консолидировать, если бы от нее требовалась консолидация таких статей в соответствии с Приемлемым стандартом финансовой отчетности). Постоянное представительство, Головной компанией которого является Совместное предприятие или Дочерняя организация СП, рассматривается как отдельная Дочерняя организация СП.

Ответственная Участвующая компания (или компании) – одна или несколько Участвующих компаний, находящихся в [указать название имплементирующей Юрисдикции], которые могли бы нести ответственность за Дополнительный налог или подлежали бы корректировке в соответствии с Главой **Error! Reference source not found.**, если бы не применялось Положение о «безопасной гавани» в рамках GloBE в статье 8.2.1.

Местный материальный актив – недвижимое имущество, находящееся в той же юрисдикции, что и Участвующая компания.

Период пересмотра – в отношении выбора в соответствии со статьей 3.2.6 – Год выбора налогового периода и четыре предыдущих Финансовых года.

Год убытка – в отношении юрисдикции, для которой Подающая отчетность Участвующая компания сделала выбор в соответствии со статьей 3.2.6 – Финансовый год в Периоде пересмотра, за который имеется Чистый убыток от активов для Участвующей компании, находящейся в этой юрисдикции, и общая сумма Чистого убытка от активов всех таких Участвующих компаний превышает общую сумму их Чистого прироста от активов.

Участвующая компания с низким уровнем налогообложения – Участвующая компания Группы МНК, находящаяся в юрисдикции с низким уровнем налогообложения или Участвующая компания без юрисдикционной привязки, которая в отношении Финансового года имеет Доход в рамках GloBE и облагается по ЭНС (как определено в соответствии с Главой **Error! Reference source not found.**) в этом Финансовом году ниже Минимальной ставки.

Компания с низким уровнем налогообложения – Участвующая компания, находящаяся в Юрисдикции с низким уровнем налогообложения или в юрисдикции, которая была бы Юрисдикцией с низким уровнем налогообложения, если бы ЭНС для данной юрисдикции определялась без учета любых доходов или расходов, начисленных данной Компанией в отношении Внутригруппового соглашения о финансировании.

Юрисдикция с низким уровнем налогообложения – в отношении Группы МНК в любой Финансовый год – юрисдикция, в которой Группа МНК имеет Чистый доход в рамках GloBE и облагается ЭНС (как определено в соответствии с главой **Error! Reference source not found.**) в этот период, которая ниже Минимальной ставки.

Головная компания – в отношении Постоянного представительства – Компания, которая включает Чистый доход или убыток по финансовому учету Постоянного представительства в свою финансовую отчетность.

Существенное искажение конкуренции – в отношении применения конкретного принципа или процедуры в рамках свода общепринятых принципов бухгалтерского учета – применение, которое приводит к совокупному изменению более чем на 75 млн. евро в Финансовый год по сравнению с суммой, которая была бы определена при применении соответствующего принципа или процедуры МСФО. Если применение конкретного принципа или процедуры приводит к Существенному искажению конкуренции, порядок учета любой статьи или операции, подпадающей под действие данного принципа или процедуры, должен быть скорректирован в соответствии с порядком, требуемым для данной статьи или операции по МСФО в соответствии с Согласованным административным руководством.

Минимальная налоговая ставка – 15% (пятнадцать процентов).

Участвующая компания, принадлежащая миноритариям, – Участвующая компания, если Конечная материнская компания имеет прямую или косвенную Долю участия в этой Компании в размере 30% или менее.

Материнская компания, принадлежащая миноритариям, – Участвующая компания, принадлежащая миноритариям, которая прямо или косвенно владеет Контрольной долей другой Участвующей компании, принадлежащей миноритариям, за исключением случаев, когда Контрольная доля первой упомянутой Компании прямо или косвенно принадлежит другой Участвующей компании, принадлежащей миноритариям.

Подгруппа, принадлежащая миноритариям, – Материнская компания, принадлежащая миноритариям, и ее Дочерние компании, принадлежащие миноритариям.

Дочерняя организация, принадлежащая миноритариям, – Участвующая компания, принадлежащая миноритариям, Контрольная доля которой прямо или косвенно принадлежит Материнской компании, принадлежащей миноритариям.

Группа МНК – имеет значение, определенное в статье 1.2.1.

Распределяемая доля группы МНК в доходе Инвестиционной компании в рамках GloBE – имеет значение, определенное в статье 7.4.4.

Группа МНК с несколькими материнскими компаниями – две или более группы, в которых:

(a) Конечные материнские компании этих Групп заключают договоренность, которая является Сцепленной структурой или Соглашением о двойном листинге; и

(б) хотя бы одна Компания или Постоянное представительство объединенной Группы находится в другой юрисдикции по отношению к местонахождению остальных Компаний объединенной Группы.

Чистый прирост от активов – в отношении выбора в соответствии со статьей 3.2.6 – чистый прирост от отчуждения Местных материальных активов Участвующей компанией, находящейся в юрисдикции, для которой был сделан выбор, за исключением прироста или убытка от передачи активов другому Члену Группы.

Чистый убыток от активов – в отношении Участвующей компании и Финансового года – чистый убыток от отчуждения Местных материальных активов данной Участвующей компанией в этом году, за исключением прироста или убытка от передачи активов другому Члену Группы. Сумма Чистого убытка от активов уменьшается на сумму Чистого прироста от активов или Скорректированного прироста от активов, с которой проводится зачет против такого убытка в силу применения пункта (б)или (в) статьи 3.2.6 в результате предыдущего выбора, сделанного в соответствии со статьей 3.2.6.

Чистая балансовая стоимость материальных активов – среднее значение начальной и конечной стоимости Материальных активов после учета накопленной амортизации, истощения и обесценения, отраженных в финансовой отчетности.

Чистый доход рамках GloBE той или иной юрисдикции определяется в статье 5.1.2.

Чистый убыток в рамках GloBE той или иной юрисдикции – это нулевая или отрицательная сумма, если таковая имеется, рассчитанная в соответствии со следующей формулой

$$\text{Чистый убыток в рамках GloBE} = \text{Доход в рамках GloBE всех Участвующих компаний} - \text{Убытки в рамках GloBE всех Участвующих компаний}$$

Где:

(a) Доход в рамках GloBE всех Участвующих компаний – это сумма Доходов в рамках GloBE всех Участвующих компаний, находящихся в данной юрисдикции, определенных в соответствии с главой 3 за Финансовый год; и

(б) Убытки в рамках GloBE всех Участвующих компаний – это сумма Убытков в рамках GloBE всех Участвующих компаний, находящихся в данной юрисдикции, определенных в соответствии с главой 3 за Финансовый год.

Чистые налоговые расходы – чистая сумма:

(а) любых Охватываемых налогов, начисленных в качестве расходов, а также любых текущих и отложенных Охватываемых налогов, включенных в расходы по налогу на прибыль, включая Охватываемые налоги, которые исключены из расчета Дохода или Убытка в рамках GloBE;

(б) любого отложенного налогового актива, относящегося к убытку за Финансовый год;

(в) любого Квалифицированного минимального внутреннего Дополнительного налога, начисленного в качестве расхода;

(г) любых налогов, возникающих в соответствии с правилами GloBE, начисленных в качестве расходов; и

(д) любого Неквалифицированного возмещаемого условного налога, начисленного в качестве расхода.

Некоммерческая организация – Компания, отвечающая всем следующим критериям:

(а) она учреждена и действует в юрисдикции своего местонахождения:

(i) исключительно для религиозных, благотворительных, научных, художественных, культурных, спортивных, образовательных или других подобных целей; или

(ii) как профессиональная организация, бизнес-лига, торговая палата, профсоюзы, сельскохозяйственная или садоводческая организация, гражданская лига или организация, действующая исключительно в целях содействия социальному благополучию;

(б) практически весь доход от деятельности, упомянутой в пункте (а), освобожден от налога с доходов в юрисдикции резидентства;

(в) в ней нет акционеров или членов, имеющих имущественный или бенефициарный интерес в ее доходах или активах;

(г) доход или активы Компании не могут быть распределены или использованы в интересах частного лица или Компании, которая не является благотворительной, кроме как:

(i) в связи с осуществлением Компанией благотворительной деятельности;

(ii) в качестве выплаты разумной компенсации за оказанные услуги или за использование имущества или капитала; или

(iii) в виде платежа, представляющего собой справедливую рыночную стоимость имущества, которое приобрела Компания, и

(д) после прекращения деятельности, ликвидации или роспуска такой Компании все ее активы должны быть распределены или возвращены Некоммерческой организации или правительству (включая любую Правительственную организацию) юрисдикции резидентства Компании или любому ее политическому подразделению;

но не включает любую Компанию, занимающуюся коммерцией или бизнесом, не имеющими прямого отношения к целям, для которых она была создана.

Неквалифицированный возвратный налоговый зачет – налоговый зачет, который не является Квалифицированным возвратным налоговым зачетом, но подлежит возврату полностью или частично.

Неквалифицируемые прирост или убыток – наименьшая из следующих двух величин: прибыль или убыток отчуждающей Участвующей компании, возникающие в связи с Реорганизацией в рамках GloBE и подлежащие налогообложению по месту нахождения отчуждающей Участвующей компании, или прирост или убыток по финансовому учету, возникающие в связи с Реорганизацией в рамках GloBE.

Численность работников – для целей Процента в рамках ПННП – общая численность работников в эквиваленте полной занятости (ЭПЗ) всех Участвующих компаний, являющихся резидентами для целей налогообложения в соответствующей налоговой юрисдикции. Для этой цели независимые подрядчики, участвующие в обычной операционной деятельности Участвующей компании, учитываются как работники. Что касается Постоянных представительств, то работники должны быть отнесены к той налоговой юрисдикции, в которой находится Постоянное представительство, когда расходы на оплату труда таких работников включаются в отдельные финансовые счета этого Постоянного представительства, как определено в Статье 3.4.1, и корректируются в соответствии со статьей 3.4.2. Количество работников, отнесенное к налоговой юрисдикции Постоянного представительства, не учитывается при определении Количества работников налоговой юрисдикции Головной компании.

Модельная налоговая конвенция ОЭСР – Модельная налоговая конвенция ОЭСР (2017), Модельную налоговую конвенцию о доходах и капитале: Сокращенная версия 2017, Издательство ОЭСР, Париж, https://doi.org/10.1787/mtc_cond-2017-en.

Прочий совокупный доход – статьи доходов и расходов, которые не признаются в составе прибыли или убытка в соответствии с требованиями или разрешениями Разрешенного стандарта финансовой отчетности, используемого в Консолидированной финансовой отчетности. Прочий совокупный доход обычно отражается как корректировка капитала в отчете о финансовом положении (балансе).

Доля участия – любая доля участия, которая дает права на прибыль, капитал или резервы Компании, включая прибыль, капитал или резервы Постоянного представительства (представительств) Головной компании.

Материнская компания – Конечная материнская компания, которая не является Исключенной компанией, Промежуточной материнской компанией или Материнской компанией в частичном владении.

Коэффициент включения Материнской компании – имеет значение, определенное в статье 2.2.2.

Материнская компания в частичном владении – Участвующая компания (не являющуюся Конечной материнской компанией, Постоянным представительством или Инвестиционной компанией), которая:

(а) владеет (прямо или косвенно) Долей участия в другой Участвующей компании той же Группы МНК; и

(б) более 20% Долей участия в ее прибылях прямо или косвенно принадлежат лицам, которые не являются Участвующими компаниями Группы МНК.

Пассивный доход – доход, включенный в Доход в рамках GloBE, который представляет собой:

(а) дивиденды или эквиваленты дивидендов;

(б) проценты или эквивалент процентов;

(в) арендную плату;

(г) роялти;

(д) аннуитет; или

(е) чистый прирост от имущества, которое приносит доход, описанный в пунктах (а) – (е),

но только в том случае, если Участвующая компания-собственник облагается налогом на такой доход в соответствии с Налоговым режимом контролируемых иностранных компаний или в результате Доли участия в Компании с гибридной схемой налогообложения.

Пенсионный фонд – это:

(а) Компания, которая создана и действует в юрисдикции исключительно или почти исключительно для администрирования или предоставления пенсионных выплат и дополнительных или побочных льгот физическим лицам:

i. регулируемую как таковая этой юрисдикцией, или одним из ее политических подразделений или местных органов власти; или

ii. эти выплаты обеспечены или иным образом защищены национальными нормами и финансируются за счет пула активов, находящихся в доверительном управлении или у доверительного управляющего для обеспечения исполнения соответствующих пенсионных обязательств в случае неплатежеспособности Группы МНК; и

(б) Пенсионная компания.

Пенсионная компания – Компания, которая создана и управляется исключительно или почти исключительно для:

(а) инвестирования средств в пользу Компаний, указанных в пункте (а) определения Пенсионного фонда; или

(б) осуществления деятельности, которая является вспомогательной по отношению к регулируемой деятельности, осуществляемой Компаниями, указанными в пункте (а) определения Пенсионного фонда, при условии, что они являются членами одной и той же Группы.

Постоянное представительство – это:

(а) место ведения бизнеса (включая предполагаемое место ведения бизнеса), находящееся в юрисдикции и рассматриваемое как постоянное представительство в соответствии с применимым действующим Международным налоговым соглашением при условии, что такая юрисдикция облагает налогом относящийся к ней доход в соответствии с положением, аналогичным статье 7 Модельной налоговой конвенции ОЭСР о доходах и капитале;

(б) в случае отсутствия применимого действующего Международного налогового соглашения, место ведения бизнеса (включая предполагаемое место ведения бизнеса), в отношении которого юрисдикция облагает налогом в соответствии со своим внутренним законодательством доход, относящийся к такому месту ведения бизнеса, налогооблагается на основе чистого дохода, аналогично тому, как она облагает налогом своих собственных налоговых резидентов;

(в) в случае отсутствия в юрисдикции системы корпоративного налога с доходов, место ведения бизнеса (включая предполагаемое место ведения бизнеса), находящееся в этой юрисдикции, которое рассматривается как постоянное представительство в соответствии с Модельной налоговой конвенцией ОЭСР о доходах и капитале при условии, что такая юрисдикция имела бы право облагать налогом относящийся к ней доход в соответствии со статьей 7 этой модельной конвенции; или

(г) место ведения бизнеса (или предполагаемое место ведения бизнеса), которое еще не описано в пунктах (а)–(в), через которое осуществляются операции за пределами юрисдикции, в которой находится Компания, при условии, что такая юрисдикция освобождает от налогообложения доход, относящийся к таким операциям.

Политически запрещенные расходы – это:

(а) расходы, начисленные Участвующей компанией на незаконные платежи, включая взятки и откаты; и

(б) расходы, начисленные Участвующей компанией за штрафы и пени, которые равны 50 000 евро или более (или эквивалент в функциональной валюте, в которой был рассчитан Чистый доход или убыток по финансовому учету Участвующей компании).

Портфель акций – Доли участия в Компании, принадлежащие Группе МНК и дающие право на менее чем 10% прибыли, капитала, резервов или прав голоса этой Компании на дату распределения или отчуждения.

Ошибки и изменения предыдущих периодов в принципах бухгалтерского учета – все изменения в начальном капитале на начало Финансового года Участвующей компании, относящиеся к

(а) исправлению ошибки в определении Чистого дохода или убытка по финансовому учету за предыдущий Финансовый год, которая повлияла на доходы или расходы, включаемые в расчет Дохода или Убытка в рамках GloBE за такой Финансовый год, за исключением случаев, когда исправление такой ошибки привело к существенному уменьшению обязательства по Охватываемым налогам; или

(б) изменению принципов или политики бухгалтерского учета, которое влияет на доходы или расходы, включаемые в расчет Дохода или Убытка в рамках GloBE.

Квалифицированный дополнительный доход от международных перевозок – имеет значение, определенное в статье 3.3.3

Квалифицированный минимальный внутренний Дополнительный налог – минимальный налог, который включен во внутреннее законодательство юрисдикции и который:

(а) определяет Сверхприбыль Участвующих компаний, находящихся в данной юрисдикции (внутренняя Сверхприбыль), способом, эквивалентным Правилам GloBE;

(б) действует для увеличения внутренних налоговых обязательств в отношении Сверхприбыли до Минимальной ставки для юрисдикции и Участвующих компаний за Финансовый год; и

(в) внедряется и администрируется таким образом, чтобы соответствовать результатам, предусмотренным Правилами GloBE и Комментарием, при условии, что такая юрисдикция не предоставляет никаких льгот, связанных с такими правилами.

В отношении Квалифицированного минимального внутреннего Дополнительного налога может рассчитываться внутренняя Сверхприбыль на основе Приемлемого стандарта финансовой отчетности, разрешенного Уполномоченным органом по вопросам бухгалтерского учета, или Разрешенного стандарта финансовой отчетности, скорректированного для предотвращения

Существенного искажения конкуренции, а не стандарта финансового учета, используемого в Консолидированной финансовой отчетности.

Квалифицированное ПВД – свод правил, равнозначных требованиям статей Article 2.1–Article 2.3 Правил GloBE (включая любые положения Правил GloBE, связанные с указанными статьями), которые включены во внутреннее законодательство юрисдикции, и внедрение и администрирование которыми осуществляются таким образом, чтобы соответствовать конечным результатам, предусмотренным Правилами GloBE и Комментарием, при условии, что такая юрисдикция не предоставляет никаких преимуществ, связанных с такими правилами.

Квалифицированный условный налог – Охватываемый налог, начисленный или уплаченный Участвующей компанией, который подлежит возврату или зачету бенефициарному собственнику дивидендов, распределенных такой Участвующей компанией (или – в случае Охватываемого налога, начисленного или уплаченного Постоянным представительством – дивидендов, распределенных Головной компанией), в той степени, в которой возврат подлежит выплате или зачет предоставляется:

(а) юрисдикцией, не являющейся юрисдикцией, взыскивающей Охватываемые налоги в соответствии с режимом предоставления зачета на уплаченные налоги в других юрисдикциях;

(б) бенефициарному собственнику дивидендов, которые облагаются налогом по номинальной ставке, равной или превышающей Минимальную ставку на дивиденды на текущей основе в соответствии с внутренним законодательством юрисдикции, которая установила Охватываемые налоги для Участвующей компании;

(в) физическому лицу-бенефициарному собственнику дивидендов, которое является налоговым резидентом в юрисдикции, которая установила Охватываемые налоги для Участвующей компании, и которое облагается налогом на дивиденды как на обычный доход; или

(г) Государственному учреждению, Международной организации, Некоммерческой организации-резиденту, Пенсионному фонду-резиденту, Инвестиционной компании-резиденту, которая не является Компанией Группы, или компании-резиденту по страхованию жизни в той степени, в которой дивиденды получены в связи с деятельностью пенсионного фонда и подлежат налогообложению аналогичным образом, как дивиденды, полученные Пенсионным фондом.

Для целей пункта (г) Некоммерческая организация или Пенсионный фонд являются резидентами юрисдикции, если они созданы и управляются в этой юрисдикции, а Инвестиционная компания является резидентом юрисдикции, если она создана и регулируется в этой юрисдикции. Компания по страхованию жизни является резидентом юрисдикции, в которой она находится.

Квалифицированный возвратный налоговый зачет – возвратный налоговый зачет, созданный таким образом, что он должен быть выплачен в денежных средствах или доступен в виде эквивалентов денежных средств в течение четырех лет с момента, когда Участвующая компания выполнит условия для получения зачета в соответствии с законодательством юрисдикции, предоставляющей такой зачет. Налоговый зачет, подлежащий частичному возврату, является Квалифицированным возвратным налоговым зачетом в той мере, в которой он должен быть выплачен в денежных средствах или доступен в виде эквивалентов денежных средств в течение четырех лет с момента, когда Участвующая компания выполнит условия получения зачета в соответствии с законодательством юрисдикции, предоставляющей его. Квалифицированный возвратный налоговый зачет не включает любую сумму налога, подлежащую зачету или возврату в соответствии с Квалифицированным условным налогом или Неквалифицированным возмещаемым условным налогом.

Квалифицированные ПННП – свод правил, равнозначных требованиям статей Article 2.4–Article 2.6 Правил GloBE (включая любые положения Правил GloBE, связанные с указанными статьями), которые включены во внутреннее законодательство юрисдикции, и имплементация и администрирование которыми осуществляется таким образом, чтобы соответствовать конечным результатам, предусмотренным Правилами GloBE и Комментарием, при условии, что такая юрисдикция не предоставляет никаких преимуществ, связанных с такими правилами.

Специальное соглашение с компетентным органом – двустороннее или многостороннее соглашение или договоренность между Компетентными органами, предусматривающее автоматический обмен ежегодными Информационными декларациями в рамках GloBE.

Компания, специализирующаяся на инвестициях в недвижимость – Компания, налогообложение которой достигает единого уровня налогообложения либо у нее, либо у держателей ее доли (с отсрочкой не более одного года), при условии, что это лицо владеет преимущественно недвижимым имуществом и само предоставляет широкое участие.

Восстановленные отложенные налоговые обязательства – имеет значение, определенное в статье 4.4.4.

Начисление исключений по восстановлению – имеет значение, определенное в статье 4.4.5.

Уменьшения Охватываемых налогов – имеет значение, определенное в статье 4.1.3.

Основная юрисдикция – имеет значение, определенное в статье 9.3.3.

Отчетный финансовый год – Финансовый год, который является предметом Информационной декларации в рамках GloBE.

Краткосрочное портфельное владение акциями – Портфель акций, находящийся в экономическом владении Участвующей компании, получающей или начисляющей дивиденды или иные распределения, менее одного года на дату распределения.

Сцепленная структура – соглашение, заключенное двумя или более Конечными материнскими компаниями отдельных Групп, в соответствии с которым:

(а) 50% или более Долей участия в Конечных материнских компаниях отдельных Групп в силу формы собственности, ограничений на передачу или других условий объединены друг с другом и не могут быть переданы или проданы независимо. Если объединенные Доли участия котируются на бирже, они котируются по единой цене; и

(б) одна из этих Конечных материнских компаний готовит Консолидированную финансовую отчетность, в которой активы, обязательства, доходы, расходы и движение денежных средств всех компаний Группы представлены вместе как относящиеся к единой экономической единице и которая в соответствии с требованиями регулирующих органов подлежит внешнему аудиту.

Участвующая компания без юрисдикицонной привязки – Участвующая компания согласно описанию в статье 10.3.2(б) и статье 10.3.3(г).

Исключение дохода на основе существенного присутствия – имеет значение, определенное в **Error! Reference source not found.**.

Материальные активы – для целей Процента в рамках ПННП и статьи Article 9.3 – Материальные активы всех Участвующих компаний, являющихся налоговыми резидентами в соответствующей налоговой юрисдикции. Материальные активы не включают денежные средства или их эквиваленты, нематериальные активы или финансовые активы. Что касается Постоянных представительств, Материальные активы должны быть отнесены к той налоговой юрисдикции, в которой находится Постоянное представительство, при условии, что эти Материальные активы включены в отдельные финансовые счета этого Постоянного представительства, как определено в статье 3.4.1 и с корректировкой в соответствии со статьей 3.4.2. Материальные активы, отнесенные к налоговой юрисдикции Постоянного представительства, не учитываются в отношении Материальных активов налоговой юрисдикции Головной компании.

Налог – обязательный безвозмездный платеж Органам власти.

Метод распределения налогооблагаемого дохода имеет значение, определенное в статье 7.6.2.

Международное налоговое соглашение – соглашение об избежании двойного налогообложения в отношении налогов на доходы и капитал.

Тестируемый год имеет значение, определенное в статье 7.6.5.

Период тестирования имеет значение, определенное в статье 7.6.5.

Дополнительный налог – налог, рассчитанный для юрисдикции или Участвующей компании в соответствии со**Error! Reference source not found.**

Процент Дополнительного налога имеет значение, определенное в статье 5.2.1.

Общая сумма корректировки отложенного налога имеет значение, определенное в статье 4.4.1.

Общая сумма Дополнительного налога в рамках ПННП – общая сумма Дополнительного налога, подлежащая распределению в рамках ПННП, как определено в Статье 2.4.1.

Переходный год – для юрисдикции – первый Финансовый год, когда Группа МНК попадает под действие Правил GloBE в отношении данной юрисдикции.

Конечная материнская компания (КМК) имеет значение, определенное вArticle 1.4

Нераспределенный чистый доход в рамках GloBE – имеет значение, определенное в статье 7.6.3.

Юрисдикция КМК – юрисдикция, в которой находится Конечная материнская компания.

ПННП – правила, изложенные в статьях Article 2.4–Article 2.6

Юрисдикция ПННП – юрисдикция, в которой действуют Квалифицированные ПННП.

Процент в рамках ПННП – процент от Общей суммы Дополнительного налога в рамках ПННП, который относится к Юрисдикции ПННП в соответствии с формулой, приведенной в статье 2.6.1.

Сумма Дополнительного налога в рамках ПННП – сумма Дополнительного налога, которая относится к Юрисдикции ПННП в рамках ПННП.

Article 10.2. Определения Компании сквозного налогообложения, Налогово-прозрачной компании, Компании с обратной гибридной схемой налогообложения, и Компании с гибридной схемой налогообложения

10.2.1. Компания является **Компанией сквозного налогообложения**, если она является фискально-прозрачной в отношении своих доходов, расходов, прибыли или убытков в юрисдикции по месту своего создания, если только она не является налоговым резидентом и не облагается Охватываемым налогом на свои доходы или прибыль в другой юрисдикции.

(а) Компания сквозного налогообложения является **Налогово-прозрачной компанией** в отношении своих доходов, расходов, прибылей или убытков, если она является фискально-прозрачной в юрисдикции, в которой находится ее собственник.

(б) Компания сквозного налогообложения является **Компанией с обратной гибридной схемой налогообложения** в отношении своих доходов, расходов, прибыли или убытков, если она не является фискально-прозрачной в юрисдикции, в которой находится ее собственник.

10.2.2. Компания считается фискально-прозрачной в соответствии с законодательством какой-либо юрисдикции, если в такой юрисдикции доходы, расходы, прибыли или убытки такой Компании рассматриваются так, как если бы они были получены или понесены прямым собственником такой Компании пропорционально его доле в такой Компании.

10.2.3. Доля участия в Компании или Постоянном представительстве, являющемся Участвующей компанией, рассматривается как находящаяся во владении через **Налогово-прозрачную структуру**, если такая Доля участия находится во владении косвенно через цепочку Налогово-прозрачных компаний.

10.2.4. Участвующая компания, не являющаяся налоговым резидентом и не облагаемая Квалифицированным минимальным внутренним Дополнительным налогом на основании ее места управления, места создания или аналогичных критериев, рассматривается как Компания сквозного налогообложения и Налогово-прозрачная компания, в отношении ее доходов, расходов, прибыли или убытков, если:

(а) ее собственники находятся в юрисдикции, которая рассматривает Компанию как фискально-прозрачную;

(б) она не имеет места ведения хозяйственной деятельности в юрисдикции по месту своего создания; и

(в) доходы, расходы, прибыль или убытки не относятся к Постоянному представительству.

10.2.5. Компания, которая рассматривается как отдельное налогооблагаемое лицо для целей подоходного налога в юрисдикции, в которой она находится, является **Компанией с гибридной схемой налогообложения** в отношении своих доходов, расходов, прибыли или убытков, если она является фискально-прозрачной в юрисдикции, в которой находится ее собственник.

Article 10.3. Местонахождение компании и Постоянного представительства

10.3.1. Местонахождение Компании, которая не является Компанией сквозного налогообложения, определяется следующим образом:

(а) если она является налоговым резидентом в юрисдикции исходя из места управления, места создания или аналогичных критериев, то она находится в этой юрисдикции; и

(б) в других случаях она находится в юрисдикции, в которой была создана.

10.3.2. Местонахождение Компании, являющейся Компанией сквозного налогообложения, определяется следующим образом:

(а) если она является Конечной материнской компанией Группы МНК или обязана применять ПВД в соответствии со Article 2.1, то она находится в юрисдикции, где была создана; и

(б) в других случаях она рассматривается как Компания без юрисдикционной привязки.

10.3.3. Местонахождение Постоянного представительства определяется следующим образом:

(а) если оно описано в пункте (а) определения, приведенного вArticle 10.1, то оно находится в той юрисдикции, где оно рассматривается как постоянное представительство и облагается налогом в соответствии с применимым действующим Международным налоговым соглашением;

(б) если оно описано в пункте (б) определения, приведенного Article 10.1, то оно находится в юрисдикции, где оно подлежит налогообложению на основе чистого дохода, исходя из своего делового присутствия;

(в) если оно описано в пункте (в) определения, приведенного Article 10.1, то оно находится в юрисдикции, в которой расположено;

(г) если оно описано в пункте (г) определения, содержащегося вArticle 10.1, то оно считается Постоянным представительством без юрисдикционной привязки.

10.3.4. Если в силу статьи 10.3.1 Участвующая компания находится в более чем одной юрисдикции (Компания с двойным местонахождением), то ее статус для целей Правил GloBE определяется следующим образом:

(а) если она находится в двух юрисдикциях, в которых действует применимое Международное налоговое соглашение:

(i) она находится в юрисдикции, в которой считается резидентом для целей Международного налогового соглашения;

(ii) если Международное налоговое соглашение требует, чтобы компетентные органы достигли взаимного согласия касательно резидентства Участвующей компании для целей Международного налогового соглашения, но такое согласие отсутствует, то применяется пункт(б);

(iii) если Международное налоговое соглашение не предусматривает льготы или освобождение от налога, поскольку Участвующая компания является налоговым резидентом обеих Договаривающихся сторон, то применяется пункт(б);

(б) если Международное налоговое соглашение не применяется, то ее местонахождение определяется следующим образом:

(i) она находится в юрисдикции, в которой она оплатила большую сумму Охватываемых налогов за Финансовый год, без учета оплаченных в соответствии с Налоговым режимом контролируемых иностранных компаний;

(ii) Если сумма Охватываемых налогов, оплаченных в обеих юрисдикциях, одинакова или равна нулю, она находится в той юрисдикции, где она имеет большую сумму Исключения дохода на основе существенного присутствия, рассчитанную на основе компании в соответствии со**Error! Reference source**

not found.

(iii) если сумма Исключения дохода на основе существенного присутствия в обеих юрисдикциях одинакова или равна нулю, то она считается Участвующей компанией без юрисдикционной привязки, если только она не является Конечной материнской компанией Группы МНК, и в этом случае она находится в юрисдикции по месту своего создания.

10.3.5. Если согласно статье 10.3.4 Компания с двойным местонахождением, являющаяся Материнской компанией, находится в юрисдикции, где на нее не распространяется действие Квалифицированного ПВД, то другая юрисдикция может потребовать от такой Компании применения своего Квалифицированного ПВД, если это не ограничено применимым действующим Международным налоговым соглашением.

10.3.6. Если Компания изменила свое местонахождение в течение Финансового года, она находится в той юрисдикции, в которой она находилась в начале этого года.

www.ingramcontent.com/pod-product-compliance
Ingram Content Group UK Ltd.
Pitfield, Milton Keynes, MK11 3LW, UK
UKHW051643031026
15588UKWH00007B/1304

9 789264 800458